Johannes Hemleben · Urbeginn und Ziel

Johannes Hemleben

Urbeginn und Ziel

Der gemeinsame Weg von Erde und Mensch

Verlag Urachhaus Stuttgart

Johannes M. Mayer GmbH. & Co KG

Druck Offizin Chr. Scheufele Stuttgart
ISBN 3 87838 201 4

Inhalt

Einleitung: Von Jesus zu Christus 7
Grundlegendes 13
Die vier Stufen des Sündenfalles
und die Messias-Erwartung Israels 17
Wie wird der Messias erkannt? 33
Der Mensch Jesus von Nazareth 43
Die Taufe im Jordan 50
Die Verklärung 59
Der Weg nach Golgatha 63
Die Auferstehung 71
Die Himmelfahrt 80
Der Sonnengeist Christus 89
Christus der Weltenrichter 106
Das Pfingstereignis 121
Schlußwort 126
Anmerkungen 129

Einleitung
Von Jesus zu Christus

Der heutige Christ ist es gewohnt, die Namen Jesus und Christus in einem Atemzug zu nennen. Er schließt mehr oder weniger unbewußt an eine Tradition an, die schon mit Paulus ihren Anfang nahm, aber in den frühen Zeiten des Christentums auf einem geistigen Fundament beruhte, das in der Gegenwart nicht mehr vorhanden ist.

Es gibt zu denken, daß in den vier Evangelien häufig von Jesus von Nazareth und auch von Christus die Rede ist, daß aber äußerst selten der Doppelname Jesus Christus verwandt wird. Matthäus beginnt sein Evangelium im 1. Vers mit dem Satz: »Dies ist das Buch von der Geburt Jesu Christi ...«, und faßt die dann folgende Genealogie im 16. Vers zusammen: »Jakob zeugte Joseph, den Mann Marias, von welcher ist geboren Jesus, der genannt wird Christus.« Gemäß dieser Unterscheidung: Jesus, der als Sohn des Joseph und der Maria geboren wurde, und Christus, mit dem sein geistiger Rang als Gottessohn gekennzeichnet wird, verwendet Matthäus weiter die Zusammenfügung der Namen Jesus und Christus nicht. Als Ausnahme mag der 18. Vers im 1. Kapitel erscheinen, in dem es eine Variante gibt: »Die Geburt Jesu Christi war aber also getan.« Doch stammt dieser Text, bewahrt in der Vatikan-Bibliothek, erst vom Anfang des 13. Jahrhunderts.

Markus beginnt sein Evangelium im 1. Kapitel mit dem Vers: »Dies ist der Anfang des Evangeliums Jesu Christi ...« (Initium Evangelii Jesu Christi), und verzichtet im weiteren Verlauf völlig auf den Gebrauch des Doppelnamens Jesus Christus.

Obwohl Lukas in der Apostelgeschichte mehrfach von Jesus Christus spricht, bedient er sich in seinem Evangelium an *keiner* Stelle der Verbindung beider Namen.

Johannes bringt mit besonderem Nachdruck in seinem Prolog als Charakterisierung für den fleischgewordenen Logos, durch den die Fülle (Pleroma) Gottes auf Erden erschien, den Satz: »Denn das Gesetz ist durch Moses gegeben, die Gnade und die Wahrheit ist durch Jesus Christus entstanden.« Im übrigen unterscheidet Johannes deutlich den erdgeborenen Jesus von Nazareth und den Gottessohn Christus. Im Grunde kreist sein ganzes Evangelium um die Beantwortung der Frage: Wie lebte in dem Jesus von Nazareth der unmittelbar vom Vatergott gesandte Sohn, der Christus. Schließlich im 17. Kapitel, im Hohenpriesterlichen Gebet werden die beiden Namen wieder zusammengefügt: »Das aber ist das ewige Leben, daß sie dich, der du allein wahrer Gott bist, und den du gesandt hast, Jesus Christus erkennen« (Joh. 17,3). Hier, am Ziel der Erden-Inkarnation des göttlichen Logos in einem Erdenleibe, spricht das Johannes-Evangelium aus, wozu Menschen gelangen können: zur Erkenntnis des Mysteriums, wie der Gottessohn Christus mit dem Menschen Jesus von Nazareth eins wurde.

Man darf nicht unterschätzen, welche Zumutung es für das Gegenwartsbewußtsein ist, sich bis zu dieser Erkenntnis aufzuschwingen. Indem die Theologen beider Konfessionen mit einem Höchstaufwand an Fleiß und Gründlichkeit durch annähernd zwei Jahrhunderte in ihrer historischen Bibelkritik bemüht waren, die Gestalt des Menschen Jesus von Nazareth immer deutlicher zu erfassen, ist das Bewußtsein vom Gottessohn, der als Erlöser der Menschheit unmittelbar vom himmlischen Vater auf die Erde gesandt wurde, fast erloschen. An die Stelle der mittelalterlichen Christologie trat die Jesulogie. In konsequenter Weise wird von Renan (1823–1892) über Harnack (1851–1930) bis Bultmann (1884) versucht, das Bild eines großen Menschen darzustellen, der eine Lehre von Gott verkündete. Ein Abgrund aber trennt diese Denkweise von jener Theologie, welche die zentrale christliche Erkenntnisaufgabe in dem Verständnis sah, wie in Jesus der Christus als »wahrer Mensch *und* wahrer Gott« in *einer* Gestalt über die Erde gegangen war.

Nach den Evangelien sucht Jesus selbst seine Jünger so zu fördern, daß sie zu dieser Erkenntnis seines Wesens aufwachen. Er konnte dabei anschließen an die im Volke Israel lebende Messiaserwartung. Denn man war kein gläubiger Jude, wenn man nicht von dieser durch viele Jahrhunderte wirksamen Hoffnung ergriffen war: »Wir sind das von Gott auserwählte Volk, in dem er selbst als Mensch Wohnung nehmen will.« Derjenige, den die Propheten von Jesajas bis Maleachi vorverkündet hatten, wurde um die Zeitwende mit Sehnsucht und Inbrunst von dem Volke Israel erwartet, der Heilbringer, durch den der im Sündenfall wirksam gewordene Fluch Gottes wieder gewendet und in Segen verwandelt werden soll. Nur so versteht man die in allen Evangelien gestellte Frage, wer Johannes der Täufer und wer Jesus von Nazareth sei. Wer ist der Wegbereiter, von dem Maleachi spricht, daß er dem Messias vorausgehen werde –, wer der Messias selbst?

Es war ein großer Augenblick im Leben des Jüngerkreises, als auf die Frage Jesu: ». . . und was sagt ihr, daß ich sei?«, Petrus antwortete: »Du bist Christus, der Sohn des lebendigen Gottes.« Nach dem Evangelium des Johannes ist es auch Simon Petrus, der in einem Krisenmoment, als Jesus zu den Zwölfen sprach: »Wollt auch ihr mich verlassen?«, antwortete: »Herr, wohin sollen wir gehen? Du hast Worte des ewigen Lebens (verba vitae aeternae); und wir haben geglaubt *und* erkannt, daß du bist der Heilige

Gottes (eine andere Lesart: der Christus), der Sohn des lebendigen Gottes« (Joh. 6,68–69). Man meint nichts Abträgliches, sondern nur Tatsächliches, wenn man feststellt, daß es heute sicherlich nur wenige Christen gibt, die sich mit dieser zwiefachen Aussage des Petrus identifizieren können. Gläubige gibt es, aber gibt es auch erkennende Christen, die sich der Tragweite des »Du bist Christus, der Sohn des lebendigen Gottes« voll bewußt sind? Denn die Vorfrage muß ja zunächst gestellt und gelöst werden: Wer ist das Wesen, das als Messias, Erlöser, Heilbringer ersehnt wurde und als Jesus Christus auf Erden weilte? – Wörtlich heißt »Christus«: der Gesalbte. Aber mit dieser Übersetzung ist für heutiges Verständnis nicht viel gewonnen. Wohl mag man sich daran erinnern, daß in vergangenen Zeiten Priester, Könige und Sterbende gesalbt wurden. Gemeinsam ist diesen drei Menschengruppen, daß sie vom Moment der Salbung (Ölung) an aufhören, die bisherige Privatperson zu sein. Ergreifen sie das Neue ihres Auftrages, so wachsen sie über ihren individuellen Bereich hinaus: Priester in den göttlichen Geist, dessen Auftrag sie sich fortan unterstellen, Könige in den Geist des Volkes, dessen Schicksale sie als Lenker in die Hände nehmen wollen, Sterbende, indem sie den Leib verlassen und in die übergeordnete göttliche Welt zurückkehren. Dem vergleichbar wuchs Jesus von Nazareth über sich hinaus, als er mit der Jordantaufe den Christus in sich aufnahm. Das aber ist die Frage:

Was für ein Wesen war das, welches sich in dem Menschen Jesus von Nazareth in den Gottessohn Jesus Christus verwandelte?
Es ist das Verdienst Rudolf Steiners, als erster in der Neuzeit die Bedeutung dieser Frage erkannt und auf Grund seiner Geistesforschung fundamental beantwortet zu haben. Vom 5. bis 14. Oktober 1911 hielt er in Karlsruhe einen Zyklus von zehn Vorträgen über das Thema: »Von Jesus zu Christus«[1]. Im Anschluß an seine früheren Ausführungen in zahlreichen Städten Mitteleuropas über die vier Evangelien und die Apokalypse des Johannes kennzeichnete Rudolf Steiner in Karlsruhe, wie durch eine »Überspannung des Jesus-Prinzipes« eine »große und gefährliche Verirrung im Geistesleben der letzten Jahrhunderte« entstanden und wie substantielle Hilfe nur durch wirklichkeitsgemäße Erkenntnis des Wesens Christi zu erlangen sei. Im Verlauf seiner Ausführungen machte er zunehmend deutlich, daß mit dem Verlust der ursprünglichen Christologie dem Christentum der Kirchen die eigenen Grundlagen zerstört wurden und so das zentrale »Ereignis von Golgatha« immer unverständlicher geworden ist.
Angeregt durch diese Darstellungen Rudolf Steiners möchten die nachfolgenden Ausführungen einen bescheidenen Beitrag zur Beantwortung der Frage geben: Wie findet der heutige Christ einen Weg, der ihn vom Verständnis des Menschen Jesus von Nazareth zu dem Gottessohne Christus leitet?

Grundlegendes

Solange die Bemühungen um Erkenntnis des Menschenwesens unter der Suggestion naturwissenschaftlicher Denkweise sich darauf beschränken, den Menschen in seiner Verwandtschaft zum Tiere und nur von dort her sein Anderssein zu erkunden zu suchen, wird man schwerlich die Brücke zum »Gottmenschen« schlagen können. So aufschlußreich dieser Blick »von unten« auch für ein Verständnis des anatomischen Aufbaus des menschlichen Körpers und seiner biologischen Funktionen ist, so versagt diese Methode doch, wenn man Entstehung und Zukunftsziel des Menschen zu verstehen versucht. Wohl findet man bei sorgsamen Studien der Daseinsweisen von Tier und Mensch bald die wesentlichen Unterschiede in dem der Aufrichtung des Leibes dienenden Skelettbau, dem aufrechten Gang, im Sprach- und Denkvermögen und dem damit verbundenen individuellen Selbstbewußtsein des Menschen. Aber Ursprung und Ziel bleiben dieser Betrachtungsweise verborgen.

Solange das Alte Testament als Grundlage zum Verständnis des Neuen genommen wurde, gab es eine solche Blockierung der Menschenerkenntnis nicht. Denn nach dem Schöpfungsbericht der Bibel ist der Mensch als solcher nach Schaffung – Entstehung? – der Naturreiche unmittelbar aus Gottes Hand hervorgegangen. Im Sinne der alttestamentlichen Darstellung haben Natur und Mensch ihren Ursprung in der gleichen Gottheit. Der Mensch entstand – wie die Natur – nicht »von unten«, sondern »von oben«. Es ist heute an der Zeit, daß beide Blickrichtungen – sowohl vom Tier als auch von Gott her – als berechtigt erkannt werden und nicht mehr wie im 19. und in der ersten Hälfte des 20. Jahrhunderts gegeneinander ausgespielt werden. Was für die Menschheit als Ganzes gilt, hat auch für den einzelnen Menschen seine Berechtigung. Selbstverständlich können wir seine individuelle Entstehung und Entwicklung »von außen« heute minutiös verfolgen. Von der befruchteten Eizelle bis zur reifen Persönlichkeit kann jeder Wachstumsvorgang erfaßt und beschrieben werden. Dies nennen wir den Blick »von unten«. Wenn aber eine solche Darstellung zu dem vermeintlichen Resultat führt: »Der Mensch ist gleich dem Tiere nur das Ergebnis von Vererbung und Milieu«, so ist aus einer Halbwahrheit ein Irrtum geworden. So wahr es ist, daß bei jeder Entstehung eines Menschen Vererbungskräfte und Milieueinwirkungen eine erhebliche Rolle spielen, so irrtümlich ist es zu meinen, damit den *ganzen* Menschen verstanden zu haben.

Die Ursache für diesen weitverbreiteten Irrtum liegt in dem ebenso durchgängigen mangelnden Unterscheidungsvermögen der vier Daseinsschichten von Leib, Leben, Seele und Geist. Denn ein Körper kann nur aus einem Körper entstehen. Das war der bedeutende Inhalt der Entdeckung Francesco Redis (1626 bis 1697). Bis dahin hielt man es für möglich, daß Maden durch »Urzeugung« aus Käse entstehen könnten. Seit Redi und später seit Pasteur (1822–1895) wissen wir, daß alle lebendigen Wesen vorhandenen Vorfahren gleicher Art ihr Dasein verdanken.
Nicht erkannt wurde, was später Rudolf Steiner mit Nachdruck betont, daß ebenso Seele nur aus Seele und Geist nur aus Geist hervorgehen können. Der individuelle Mensch ist nicht nur ein Vererbungsprodukt seiner Eltern, sondern stammt als Individualität »von sich selbst« ab. Auch wenn er es vergessen hat, er war als geistiger Wesenskern vor der Geburt, hat in Vorzeiten andere Erdenleben hinter sich und wird auf dem Wege zur Vervollkommnung seines Wesens nach seinem Tode sein letztes Erdenleben geistig verarbeiten, um von neuem auf Erden sein Schicksal auszuleben.
Schon Aristoteles hat den Satz geprägt: »Denn was zuletzt da ist, war zuerst.« Damit ist die Erkenntnis ausgesprochen, daß das Treibende jeder Entwicklung vom Samen bis zum ausgebildeten Organismus von Anfang an im verborgenen existent ist und erst nach und nach, von Stufe zu Stufe, in Erscheinung tritt.

Der Zoologe Adolf Portmann hat es den Weg der »Selbstdarstellung« genannt. Gilt dies schon für Pflanzen und Tiere, um so charakteristischer ist es für den Menschen. Aus einem präexistenten Dasein tritt er durch den Zustand eines Embryos, eines Kindes und Jugendlichen in die irdische Existenz und verläßt sie wieder durch Altern und Sterben.
Was so für den einzelnen Menschen gültig ist, gilt auch für die Menschheit. Sie war geistig präexistent *vor* ihrer Leibannahme, führt ihr Dasein in enger Verbindung mit dem Schicksal der Erde und wird sein, wenn auch die Erde als Pflanz- und Übungsstätte nicht mehr geeignet sein wird.
Von solchen Überlegungen her sind wir heute in der Lage, den Schöpfungsbericht der Bibel wieder als wesentliche Hilfe zum Verständnis des Menschheitsweges anzunehmen.

Die vier Stufen des Sündenfalles und die Messias-Erwartung Israels

Die Messias-Erwartung des Volkes Israel ist untrennbar mit dem Schöpfungsbericht und der Darstellung des Sündenfalles verbunden. Denn es war der Inhalt dieser Erwartung, daß durch den Messias die Folgen des Sündenfalles wieder aufgehoben und der über Adam und Eva ausgesprochene Fluch wieder in Segen verwandelt würden. So unscharf und so variierend diese Sehnsucht nach einem Heilbringer im Laufe von Jahrhunderten der jüdischen Geschichte zutage tritt, so übereinstimmend sind doch alle Prophetien des »Zukünftigen«, daß er den Weg des Abstieges in den des Aufstieges verwandeln wird. Allen geht es in irgendeiner Weise um die Wiedergewinnung des »verlorenen Paradieses«.

Vielleicht sind wir heute die erste Generation, die den Schöpfungsbericht des Alten Testamentes[2] im realistischen Sinne wieder zu verstehen vermag. Wir haben es weder nötig, den Text nur kindlich und gläubig gleich unseren christlichen Vorfahren wie ein Märchen anzuhören, noch ihn als bloße Mythologie einer Frühzeit, als unzureichende Wirklichkeitserkenntnis im Sinne »aufgeklärter« Naturwissenschaftler abzutun.

Das alte Volk Israel lebte in einer nüchternen Geistesverfassung, der alle mystische Schwärmerei fernlag. Auch wenn die Sprache seiner geistigen Urkunden gemäß der damaligen Bewußtseinsstufe nicht begrifflich, sondern bildhaft war, so beruhte eben diese bildhafte Einsicht doch auf einer Wirklichkeitserfahrung, die uns heute wieder zugänglich wird.

Das Alte Testament beginnt mit dem Schöpfungsbericht, der im wesentlichen mit dem Prolog des Johannes-Evangeliums übereinstimmt. Vor allem Dasein ist die Gottheit, welche durch ihr Wort, durch den Logos, die Welt im Siebentagewerk hervorruft. Alles, was entstanden ist, hat im Sinne der Bibel diesen göttlich-geistigen Ursprung: Licht und Finsternis; Erde und Meer; Sonne, Mond und Sterne; die Pflanzen; die Tiere und der Letztgeschaffene, der Mensch. – In diesem Stadium ist der Mensch noch ein schlafendes Glied der Schöpfung, ohne trennendes Selbstbewußtsein, als Teil im Ganzen eingebettet. Gespeist wird er vom »Baume des Lebens«. Drohend steht über ihm die Mahnung, nicht der Versuchung Luzifers zu folgen und vom »Baume der Erkenntnis des Guten und des Bösen« zu essen. Träumend und schwach unterlag der Mensch dennoch der übermenschlichen Stimme des Versuchers. Das Schicksal nahm seinen Lauf. Es ist müßig zu fragen, was geschehen wäre, wenn der Mensch die verbotenen Früchte vom Erkenntnisbaume nicht gegessen hätte. *Er hat es getan.* Und damit trat das von der Gottheit verkündete Unheil ein. Es erfüllte sich die Voraussage: »Des Tages werdet ihr des Todes sterben.« Diese göttliche Futurologie (Zukunftsschau) ist heute unser Schicksal. Je bewußter seiner selbst der Mensch wurde, um so weniger war es ihm möglich, noch den geistigen Untergrund seiner Umwelt und seines eigenen Wesens zu erleben. Mit jedem Schritt vorwärts im Ergreifen der physischen Welt verlor sich die ursprüngliche Einbettung in das umhüllende göttliche Leben. Die letzten fünf Jahrhunderte lieferten geradezu den klassischen Beweis für dieses Fallgesetz der Menschheit. In dem gleichen Maße, wie der Mensch sich die naturwissenschaftliche Erkenntnis des Diesseits erwarb, schwand ihm von Jahrhundert zu Jahrhundert die mittelalterliche Gott-Geborgenheit dahin. Die Sehnsucht nach dem verlorenen Paradies nennt man heute »Nostalgie« – das verständliche Heimweh, das sich z. B. in dem ungewöhnlichen Zustrom zur Ausstellung von Bildern des Romantikers Caspar David Friedrich in Hamburg und von William Turner in London geltend machte. Doch der Verlauf der Geschichte ist nicht umkehrbar.

In Wahrheit ist allen um das Verständnis der geistigen Gegenwartssituation bemühten Menschen bewußt: Ein *Zurück* gibt es nicht. Unsere Ablösung vom Ursprung hat uns in eine Todeswelt geführt, aus der es rückwärts kein Entrinnen gibt. Man kann heute nicht ein erwachsener Mensch im gültigen Sinne werden, wenn man nicht gelernt hat, vom »Baume der Erkenntnis des Guten und des Bösen« stets und ständig zu essen. Wie will man heute Kinder erziehen, wenn man ihnen nicht die Hilfestellung dafür leistet, daß sie nach und nach zunehmend die erkennende Sicherheit finden zu unterscheiden, was das Gute und was das Böse ist? Besteht nicht alle echte Pädagogik darin, die Heranwachsenden zum rechten Genuß dieser Erkenntnisfrüchte anzuleiten?

Das Kind im Mutterleibe lebt auch heute noch im wesentlichen vom Baum des Lebens – obwohl es schon indirekt z. B. durch ungesunde Nahrung, welche die Mutter zu sich nimmt, im Werden beeinträchtigt werden kann. Aber es »schläft«, lebt ohne Bewußtsein seiner selbst das umfangende Leben des mütterlichen Organismus mit. In diesem Zustand kann der Mensch nicht schuldig werden. Doch dann folgt die Geburt, die durchaus der Ausstoßung aus dem Paradies vergleichbar ist. Eine Zeitlang schwingt der »paradiesische Zustand« noch nach. Wir sprechen von dem »unschuldigen Kindlein in der Wiege«. Doch es folgt mit absoluter Notwendigkeit der Fall in eine vom Tode durchdrungene Welt. Das Kind lernt fragen, muß fragen, um zu lernen. Jedermann kennt dieses Stadium von Kindern, die durch ihr Fragen Erwachsene zur Verzweiflung bringen können: Warum ist dieses so und nicht anders? Weshalb ist das erlaubt und jenes verboten? Wozu, weswegen, wieso . . .? bis gelegentlich sogar die Frage auftaucht: »Und was war vor dem lieben Gott?« Sie müssen so fragen; und es ist für jeden von einem Kinde so Gefragten eine außerordentliche Probe, ob er mit seinen Antworten vor dem Geiste bestehen kann und zugleich dem Kinde gerecht wird.

Wenn ein Kind auf seine Fragen geistige Antworten erhält, wird der Sturz gemindert. In dem Maße aber, wie der werdende Mensch in das intellektuelle Element seiner Umwelt hineinwächst, gerät er in ein Todesfeld. War einst das »Diesseits« in der Natur noch als von den Kräften des »Jenseits« durchdrungen erlebt, so ist der Gegenwartsmensch in den Großstädten auf allen Seiten von Betonklötzen, von Erstorbenem umgeben. Die Natur läßt zwar auch heute noch den göttlichen Ursprung ahnen, die gemachte Welt des Menschen aber ist überall von Mechanismen, vom Toten durchsetzt.

Der heutige Intellekt hat sich am Erkennen der nur mineralisch-mechanischen Welt gebildet und wurde so selbst gestorbener Geist. Durch ihn zieht der Tod in das Innere des Menschen und beeinflußt wesentlich dessen Handeln. So entstand eine Umwelt, welche selbst den Stempel ihres Ursprunges trägt. Vom Tode gezeichnet, zerstört sie die Natur, das Leben der Erde. Denn eine aus totem Denken erschaffene Welt ist selbst vom Tode durchdrungen.

Auch in dieser Situation gibt es kein Zurück. Es nützt

nichts, den Intellekt zu verteufeln – selbst wenn damit sein Ursprung gültig bezeichnet wird. Wichtiger ist es zu durchschauen, daß jeder Mensch durch seinen Intellekt den Tod in sein Inneres hat eindringen lassen, längst bevor der Tod als Beender des Lebens endgültig an ihn herantritt. Durch dieses selbstgeschaffene Todesfeld muß die Menschheit unwiderruflich hindurch. Der Materialismus ist keine zufällige Erscheinungsform in der Evolution der Menschheit, sondern eine notwendige, wenn auch tragische Durchgangsform. Die moderne Naturwissenschaft ist die diesbezügliche Schulung, der das nüchterne Alltagsbewußtsein im übrigen Leben entspricht. Alle Maschinenbaukunst, jegliche Industrie und Technik sind die konsequenten Folgetaten dieses Bewußtseins. Von ihm aus ist die heutige Welt gestaltet, und alles so Gestaltete ist vom Tode durchdrungen: Unsere Umwelt – man denke an Großstädte wie New York, Sao Paulo, Tokio oder an die großen Industriegebiete in aller Welt – ist eine einzige Bestätigung für die Gültigkeit der biblischen Vorhersage: »Wenn ihr essen werdet vom Baume der Erkenntnis des Guten und des Bösen, des Tages werdet ihr des Todes sterben.« Dies ist die *erste*, entscheidende Stufe der Menschheitsabsonderung von ihrem Ursprung, welche die Bibel den Sündenfall nennt.

Bedeutungsvoll wird dem Fluch, der über die Urmenschen Adam und Eva ausgesprochen wird, der Satz hinzugefügt: »Verflucht sei der Acker um deinetwillen.« In der »Vulgata«, der lateinischen Übersetzung der Bibel, steht für Acker das Wort: terra = die Erde. Die Erde selbst wird in den Fluch einbezogen. Wieder kann diese Stelle vom heutigen Bewußtsein aus als höchst aktuell empfunden werden. Die Umweltschädigungen durch den Menschen sind der Kulturmenschheit in den letzten Jahrzehnten bewußt geworden. Die Genesis hat es unmißverständlich vorausgenommen: *Der stürzende Mensch reißt die Erde in seinen Sturz mit herein.* Erst mußte der Mensch die göttliche Umwelt verlieren, ehe er die irdische Umwelt in seine Gewalt bringen konnte. Nachdem der Tod in ihn selbst einzog, verbreitet er den Tod in seiner Umwelt, ruiniert und zerstört sie. In welch hohem Maße er dazu fähig ist, beginnt die Menschheit im 20. Jahrhundert zu erkennen; allerdings in der Regel erst, nachdem die Folgen der ungeistigen Denkart am eigenen Leibe gespürt werden. Die zweite Stufe des Ab-Falles der Menschheit von ihrem Ursprung wird durch den Bericht vom *Brudermord* gekennzeichnet. Das vom göttlichen Daseinsgrunde sich lösende Ego trägt den Keim des Asozialen in sich. An die Stelle der natürlichen, gottgegebenen Bruderliebe tritt der Bruderhaß. Dieser entzündet sich am Gefühl des Neides. Kain beneidet seinen Bruder, weil er selbst, der Gottverlassene, nicht mehr das Ohr der Gottheit erreicht, sein Bruder Abel aber noch von Gott »wohlgefällig« aufgenommen wird. Abel erlebt, was Kain sich ersehnt und ihm nicht

mehr gelingt. So entsteht in diesem der Neid und aus dem Neid der Zorn. »Da ergrimmte Kain und seine Gebärde entstellte sich.«
Nicht zufällig ist der Hirte Abel der dem Jenseits *noch* verbundene Fromme, der Ackermann Kain hingegen der erdzugewandte Diesseitsmensch. Dies wird vom biblischen Text nach der Mordtat besonders verstärkt dadurch ausgesprochen, daß als Kainssöhne der Erbauer der Musikinstrumente und der Begründer der Metall- und Schmiedekunst genannt werden.
So kommt in der Erzählung vom Brudermord die Entstehung des Asozialen urbildlich zur Darstellung: Aus Neid entsteht der Zorn und aus Zorn der Totschlag. Dies Gesetz der zweiten Stufe des Menschheitsfalles ist auch dann gültig, wenn es sich nicht bis zur physischen Ebene auswirkt. Es gibt auch einen Brudermord der Seele und des Geistes. Man denke nur an die heutigen Konkurrenzkämpfe unter Völkern, Staaten und Großkonzernen –, im Einzelbetrieb und in der Familie! Welche Ellbogenkräfte des gegenseitigen Bekämpfens und Unterdrückens werden gegenwärtig im Kampf um die führende Position, das höhere Gehalt, den größeren Schreibtisch und Dienstwagen wirksam, um den Bruder zu verdrängen, ja zu vernichten. Man muß hier von unsichtbarem Totschlag sprechen, so wie er dem Sinne nach in der Bergpredigt gekennzeichnet wird: »Wer seinem Bruder zürnt, ist bereits ein Totschläger.«

Dies ist die zweite Stufe des Menschheits-Falles: *der Sturz in die Asozialität.*
Schon jetzt ist deutlich, was das Volk Israel von dem Kommen des Messias erhoffte: eine Kraft, die den Menschen in den Stand setzt, stärker als der Tod zu sein, und ihn befähigt, das Prinzip des Brudermordes, der Bruderfeindschaft in Bruderliebe zu verwandeln. Doch wir müssen zunächst noch die beiden nächsten Fallstufen ins Auge fassen, wie sie von der Genesis berichtet werden. Erst dann werden wir verstehen, welch hohe Erwartungen mit dem Messiasglauben verknüpft waren und daß niemals ein Mensch, und sei er noch so überragend, die Erfüllung hätte bringen können.
Die nächste Stufe ist unter dem Namen *Sintflut* bekannt. Der entsprechende Bericht (1. Mos. Kap. 6) spricht von moralischer Verwilderung und Tyrannei und fährt fort: »Da aber der Herr sah, daß der Menschen Bosheit groß war auf Erden, und alles Sinnen und Trachten ihrer Herzen nur böse war immerdar, da reute es Gott, daß er die Menschen geschaffen hatte.« Der Schöpfer selbst ist über den Fortgang seiner Schöpfung zutiefst unzufrieden, so daß er beschließt, einen Teil derselben der Vernichtung preiszugeben. Was war geschehen, daß die Bibel einer solchen furchtbaren Enttäuschung Gottes Ausdruck gibt?
Die Bibel ist in der Mitteilung der Gründe für diese göttliche Verzweiflung ungewöhnlich zurückhaltend. Im Grunde ist es nur der eine Satz, der die wahre

Ursache ausspricht: »Und nahmen zu Weibern, welche sie wollten« (1. Mos. 6,1). Viel mehr erfahren wir aus dem Text nicht. Wohl aber klingt das so vorsichtig Ausgesprochene mit dem zusammen, was Rudolf Steiner in einem Vortrag ausgeführt hat, der unter dem Titel »Unsere Atlantischen Vorfahren« erschienen ist.[3]

Vor dem Einbruch einer gewaltigen Überflutungskatastrophe, verbunden mit dem Absinken ganzer Landschaften, herrschte in weiten Gebieten, die Rudolf Steiner im Anschluß an die antike Überlieferung – so Platon im Timaios – »Atlantis« genannt hat, allgemeiner moralischer Verfall. »Und nahmen zu Weibern, welche sie wollten« bedeutet ja unmißverständlich die Mißachtung der ursprünglich heilig gehaltenen Fortpflanzungsgesetze und Mißbrauch derselben im Dienste der subjektiven Lustgewinnung ohne Verantwortung für die anvertrauten Lebenskräfte. Wenn es auch dem heutigen Menschen fremd ist, sexuelle Verwilderung als Ursache für eine Naturkatastrophe für möglich zu halten, wird er doch gut tun, sich diese Denkmöglichkeit offenzuhalten.

Es ist erst drei Jahrzehnte her, daß Deutschland von der Ungeist-Ideologie von »Blut und Boden« überflutet wurde. Selbstverständlich hat jede Lehre, auch wenn sie als ganze eine Lüge ist, Wahrheitsgehalte in sich. So kann kein Zweifel daran bestehen, daß zwischen dem Leben eines Landes, des »Bodens«, und dem seiner Bevölkerung geheime Beziehungen bestehen. Die schwarze Rasse Afrikas hätte nicht ebensogut in Europa und die gelbe Rasse Asiens nicht in Amerika entstehen und leben können. Das im Erbstrom weiterfließende Blut und der tragende Boden mit all seinen Ausstrahlungen sind untrennbar verbunden. Wer das eine schädigt, ruiniert auch das andere.

Berührt man heute dieses wichtige Kapitel, wird man sich immer in die Gefahr des Mißverstandenwerdens begeben. Um so deutlicher möge es ausgesprochen sein, daß der Mißbrauch der Fortpflanzungskräfte auch heute Schädigung, wenn nicht Zerstörung, nicht nur des Menschengeschlechtes, sondern auch der lebendigen Natur bedeutet. Beide, der Lebensleib des Menschen und der Lebensleib der Erde, bilden zusammen ein Ganzes. Beide aber wirken in Zusammenhängen, die weit über Bewußtsein und Fähigkeit des Menschen hinausreichen. Beide aber sind auf Gedeih und Verderb der Verantwortung des Menschen unterstellt. So wenig der Mensch in der Lage ist, aus eigenem Vermögen das Kunstwerk eines Grashalmes oder Schmetterlings zu schaffen, so wenig vermag er an seinem eigenen Leibe einen Fingernagel, ein lebendiges Haar, geschweige denn ein Haupt mit Hirn, Augen, Ohren, Kehlkopf, Mund usw. aus eigenem Wissen zu erzeugen. Aber die Gestaltungskräfte, die bei der Bildung von all diesem wirken, sind ihm in die Hand gegeben. Er kann sie pflegen und hüten und hat zugleich die Freiheit, sie zu mißbrauchen und zu zerstören. Dies gilt gleicherweise für die Lebenswelt seines Umkreises wie für den eigenen Leib. Darum ist es töricht, wenn heute das »Recht auf den eigenen Leib« gefordert wird, mit dem man tun kann, was man will. Denn gerade dieses selbstverständlich von außen jedem zuzugestehende Recht führt zum Unheil, wenn es ohne Verantwortung gehandhabt wird.

Um der Gerechtigkeit willen müssen wir anerkennen, daß das Mittelalter viele von seinen Großtaten nur dadurch vollbringen konnte, daß Tausende und Abertausende von Mönchen, Nonnen, Priestern und Klausnern ein moralisch-asketisches Leben führten. Wir brauchen nicht zu betonen, daß dieses für Gegenwart und Zukunft kein helfendes und lösendes Ideal ist – jedenfalls nicht, wenn es durch äußeren Zwang verwirklicht werden soll. Auch hier gibt es kein Zurück – sondern nur den Weg der verantwortungsbewußten, moralisch-freien Tat!

Mit der »Sintflut« ist die dritte Fallstufe der Menschheit gekennzeichnet. Die Gottheit hat auf die moralische Abirrung mit einer Naturkatastrophe großen Ausmaßes geantwortet.

Und schließlich die vierte Fallstufe: *der Turmbau zu Babel.* Das elfte Kapitel des 1. Buches Moses beginnt mit den Worten: »Und es waren auf der ganzen Erde einerlei Sprache und einerlei Worte.« Dann erfahren wir weiter, daß in einem Tale des Landes Sinear Menschen wohnten, die der Bautätigkeit hingegeben waren. Doch es genügte ihnen nicht, nur ihre eigenen Wohnungsbedürfnisse zu befriedigen, sondern sie sprachen zueinander: »Wohlan! Lasset uns eine Stadt bauen und einen Turm, dessen Spitze reiche bis zum Himmel. So machen wir uns einen Namen, damit wir uns nicht zerstreuen über die ganze Erde.«

Wieder vermittelt das Alte Testament hier ein Urbild menschlicher Schwäche, das »über die ganze Erde« hin wirksam ist. Der wahre Grund für die Stadt- und Turmbaupläne wird genannt: »auf daß wir uns einen Namen machen!«

Ein Werk soll entstehen nicht – wir würden heute sagen – aus technischen oder ökonomischen Notwendigkeiten, sondern aus Machtstreben und Eitelkeit eines einzelnen Volksstammes. Der geplante Bau soll höher und gewaltiger sein als alles, was bisher andere Völker geschaffen haben, seine »Spitze soll bis zum Himmel reichen«. Das Geltungsbedürfnis einer einzelnen Menschengruppe, die andere überrunden möchte, ist das eigentliche Motiv zum Handeln.

Als Gott der Herr diese Gesinnung wahrnimmt, spricht er zu sich selbst: »Bislang gab es nur ein einziges Volk auf Erden und alle Menschen verkehrten miteinander in einer Sprache. Nun beginnen sie solche Handlungen ausführen zu wollen! Ja, dann wird nichts für sie zu schwer sein, das, was sie denken, auch auszuführen.« Die Gottheit sieht voraus, was kommen wird, wenn der Mensch ungehemmt seinem selbstbezogenen Geltungstrieb folgt und sinnlose Werke schafft, durch die er seinen ihm gesetzten Grenzbereich sträflich überschreitet. Das kann nur zerstörende Folgen haben. Und so antwortet die Gottheit auf die Hybris des Menschen mit der Umkehrung des aus menschlichem Übermut gesprochenen Satzes: »Wohlan! So lasset uns herniedersteigen und ihre Sprache dort verwirren, so daß nicht mehr einer des anderen Sprache verstehe!«

So geschah es. »Seit dieser Zeit zerstreute der Herr sie über die ganze Erde ...« Der Ort, wo dies urbildlich geschah, erhielt den Namen Babel, das heißt übersetzt: Verwirrung, »denn von dort her hatte der Herr verwirrt die Sprache über die ganze Erde«.

Urgesetzlich wird so die vierte Fall-Stufe beschrieben: Wenn Überheblichkeit – sei es durch eine Gruppe oder durch den einzelnen – sich im Handeln Geltung vor allen anderen verschaffen will, hört das gegenseitige Verstehen auf. Jeder spricht nur seine eigene Sprache, alle reden aneinander vorbei und vermögen sich nicht mehr zu verstehen. –

Wir fassen zusammen: Der Ur-Sündenfall führte die Menschheit in das Todesfeld der Erde, der Brudermord legte den Keim zum Asozialen. Die Sintflut war die Folge der moralischen Verwilderung, und das überhebliche Geltungsbedürfnis, das im Turmbau zu Babel wirksam war, zerstörte die Gemeinsamkeit der Ursprache und damit das gegenseitige Verstehen. Das sind die vier Stufen des Falles aus der

Gottesnähe und Gottverbundenheit in die Tiefe der Erdverhaftung. Der von seinem Ursprung gesonderte Mensch findet sich in seiner Gottverlassenheit auf Erden wieder und entdeckt, daß die Wucht des Falles derart stark war, daß er aus eigener Kraft sich nicht wieder zu den verlorenen Höhen erheben kann. Wenn ihm nicht Hilfe zuteil wird, so empfand der alte Israelit, wenn ihm nicht Gott, der Herr der Welt, neue Kraft verleiht, ist seine Lage hoffnungslos geworden.

Diese Einschätzung der Menschheitssituation ist nicht pessimistisch, sondern durchaus realistisch zu nennen. Sie entspricht in der Gegenwart der Aussage eines namhaften Physikers, der den gleichen Tatbestand – nur Jahrtausende später – mit großem Ernst charakterisiert hat: »Es kommt darauf an, daß diese unsere Generation es fertigbringt umzudenken. Wenn sie es nicht kann, so sind die Tage der zivilisierten Menschheit gezählt.« So Max Born in seinem Buche »Von der Verantwortung des Naturwissenschaftlers«.[4]

Auch die beiden vom »Club of Rome« herausgegebenen Berichte zur gegenwärtigen Weltlage: »Die Grenzen des Wachstums« (1973) und »Menschheit am Wendepunkte« (1974) lassen bei aller Begrenztheit des Blickes für die wahren Ursachen der heutigen Lage keinen Zweifel darüber, daß die heutige Erdsituation der Menschheit auf eine schwere Krise zudrängt, wenn nicht alle Lebensverhältnisse neu

durchdacht und gehandhabt werden. »Es ist höchst dringlich geworden, die Augen nicht länger vor möglichen Katastrophen zu verschließen ...« – Wenn keine Wende eintritt, werden »Zerrissenheit und Ungerechtigkeit ... schließlich die Menschheit in den Abgrund endgültiger Vernichtung stürzen.«[5] –
Wir wenden uns zurück zur Messias-Hoffnung, Messias-Erwartung des Volkes Israel: Die Macht des Sündenfalles wurde als so gewaltig erlebt, daß niemals Menschenkräfte allein ausreichen können, eine Wendung zum Guten herbeizuführen, wenn nicht Gott selbst eingreifen und diese Wendung bewirken wird. So haben es Propheten wie Jesajas verkündet: Kommen wird der Heilbringer, der selbst eines Wesens mit Gott ist. Er wird den Untergang in den Aufgang verwandeln. *Das* ist der Inhalt des alten Messias-Glaubens.

Wie wird der Messias erkannt?

Diejenigen Glieder des Volkes Israel, die um die Zeitwende Christen wurden, sahen in Jesus von Nazareth den Menschen, durch den die Messias-Erwartung als historisches Ereignis erfüllt wurde. Darum war für sie auch nicht die Lehre – wie die »Bergpredigt« – das Entscheidende am Christentum, sondern die Tatsache, daß Gott Mensch wurde, in einem Menschenleibe Wohnung nahm und sich durch den Tod auf Golgatha und die Auferstehung am Ostermorgen für alle Zukunft mit dem Geschick von Erde und Menschheit verbunden hat: »und das Wort ward Fleisch und wohnte unter uns« (Joh. 1,14) – und »Ich bin bei euch alle Tage bis an das Ende der Welt« (Matth. 28,20).

Wenn auch die Messias-Erwartung im jüdischen Volke unmittelbar lebendig war, bedeutete es doch eine äußerst schwere Aufgabe, den Messias als solchen zu erkennen, wenn er im Leibe eines Menschen erscheinen würde. Man wird der Führungsschicht der Hohenpriester, Schriftgelehrten und Pharisäer nicht ge-

recht, wenn man nur auf ihre Ablehnung und bösartige Verfolgung des Jesus von Nazareth blickt, ohne die Schwierigkeit der gestellten Aufgabe zu sehen.
Man bedenke nur das Folgende: Die Frömmigkeit Israels wurzelte weitgehend in den Psalmen Davids. Jeder gebildete Jude kannte sie nicht nur auswendig, sondern er lebte mit seiner Seele im »Psalmodieren« als einem Urelement der religiösen Betätigung. Ein Psalm wie der dreiundzwanzigste vom »Guten Hirten« zeugt in reiner Weise von der vorchristlichen Frömmigkeit des alten Judentums. Das wandernde Hirtenvolk von Abraham, Isaak und Jakob war zwar im »gelobten Lande« seßhaft geworden, aber es lebte doch noch in der Bilderwelt seiner Vorfahren. So sprach es zu aller Herzen, sich Gott den Herrn als Guten Hirten der Welt, der Erde und der Menschheit vorzustellen. Der Mensch braucht wie eine vom Hirten behütete Herde keine Furcht zu haben. Auch wenn er »wanderte im finstern Tal« der sündenerfüllten Erde, darf er wissen, daß Einer über allem wacht und jedwedes Leben sieht und begleitet. So wie ein Hirte jedes Tier seiner Herde im Auge hat, ist auch der Mensch stets von Gott gesehen: »Der Herr ist mein Hirte, mir wird nichts mangeln.« Auch wenn Leid und Not heraufziehen, braucht der behütete Mensch kein Unglück zu fürchten: »denn du bist bei mir, dein Stecken und Stab trösten mich«.
Dieser 23. Psalm ist wohl eine der wirksamsten Ur-

kunden reiner Frömmigkeit der Menschheit. Auch das Christentum hat diesen kostbaren Schatz Israels voll aufgenommen. Bis in unser Jahrhundert hinein blieb dieser Psalm lebendig im Herzen vieler gläubiger Christen.

Und nun vollziehe man so konkret wie nur möglich die Vorstellung, daß ein Mensch – denn Jesus von Nazareth war für die Sinnesaugen seiner Zeitgenossen ein Mensch – im Tempel zu Jerusalem einige Jünger, dazu vielleicht echt Fragende oder Neugierige um sich versammelt sieht, zu ihnen spricht und von sich selber sagt: »*Ich bin* der Gute Hirte« (Joh. 10,11). Selbstverständlich sprach sich eine solche Aussage sofort herum. Auch die Hüter der bisherigen Religionsordnung Israels erfuhren sie. Mußten sie nicht von ihrem Standpunkt eine solche Selbstbezeichnung als Blasphemie, als Gotteslästerung ansehen, die sträflich ist?

Doch es blieb ja nicht bei dieser einen Aussage. Wie würden wir heute reagieren, wenn ein Mensch unter uns treten und sagen würde: »*Ich bin* das Licht der Welt«? Selbst wenn wir ihn sonst als reifen, gütigen und weisen Menschen kennengelernt hätten, würden wir nicht wegen eines solchen vermeintlichen Hochmutes sofort von ihm abrücken und uns von ihm zurückziehen? Das gleiche gilt von den anderen Selbstaussagen Jesu Christi, wie sie das Johannes-Evangelium berichtet, wie: »*Ich bin* das Brot des Lebens« oder »*Ich bin* die Auferstehung und das Leben«, oder

»*Ich bin* der Weg, die Wahrheit und das Leben«. Alle diese Sätze sind im Munde eines Menschen unerträglich. Gültig im Sinne der absoluten Wahrheit sind sie nur, wenn sie von einem Wesen gesprochen werden, das nicht menschlicher, sondern göttlicher Natur ist. Das aber unterscheidend zu erkennen, war die unerhörte Zumutung, die an alle gerichtet war, die seinerzeit Jesus von Nazareth begegneten.

Wie schwer diese Erkenntnisleistung selbst den berufenen Jüngern wurde, geht aus einer Erzählung hervor, welche Markus im 8. Kapitel gibt.

Die Jünger hatten die Speisung großer Menschenscharen miterlebt. Einmal waren es fünftausend, das andere Mal viertausend Menschen, die sich gesättigt fühlten. Wir müssen hier, weil es uns von unserem Gedankenwege ablenken würde, auf eine Bemühung um das Verständnis des Wesens dieser »Speisungen« verzichten. Es muß uns hier genügen, daß eine diesbezügliche Erfahrung vom Jüngerkreis gemacht worden war. Bald nach den Speisungen traten – so berichtet Markus – Jesus und seine Jünger in ein Schiff und fuhren über den See Genezareth. Die Jünger stellten unter sich besorgt fest, daß sie vergessen hatten, vor der Fahrt Brot einzukaufen. Jesus spricht zu ihnen warnend von dem »Sauerteig der Pharisäer und dem Sauerteig des Herodes«. Die Jünger verstehen nicht, was er damit sagen will. Sie beziehen es auf ihre nächstliegende Sorge: »Das ist's, daß wir kein Brot haben.«

Auf dieses Mißverständnis hin macht ihnen Jesus ernste Vorhaltungen: »Was bekümmert ihr euch darüber, daß ihr kein Brot habt.« Man möchte einschalten: Ihr habt kürzlich die Speisungen erlebt, wart gegenwärtig, als Menschenscharen gesättigt wurden, und nun habt ihr schon wieder Angst, daß ihr hungern müßtet!

Der Text fährt fort: »Merkt ihr immer noch nichts? Seid ihr immer noch unverständig? Ist euer Herz noch immer starr und unbeweglich? Augen habt ihr und seht doch nichts? Ohren habt ihr und hört doch nichts ...«: fünffach der Vorwurf, daß die Jünger aus dem Erlebten nichts gelernt haben. Dann fährt Jesus fort: »Wie ich die fünf Brote unter die fünftausend brach, wieviel Körbe mit Resten hobt ihr da auf? Sie sprachen: *zwölf*. Und als ich die sieben Brote brach unter die viertausend, wieviel Körbe mit Resten habt ihr da aufgehoben? Sie sprachen: *sieben*. Und er sprach zu ihnen: Wie, merkt ihr immer noch nichts?«

Man darf überzeugt sein, daß auch die Mehrzahl der heutigen Christen in der Lage der Jünger gleichfalls ehrlicherweise bekennen müßte: »Nein, wir merken immer noch nichts.«

Was gilt es denn zu vernehmen, zu merken? – Die Jünger hatten ihre Antworten im Chor gegeben. Beide Male nannten sie nur ein einziges Zahlwort, zuerst: *zwölf*, dann: *sieben*. Das war alles.

Zwölf und Sieben sind im Sinne der damaligen Zeit

heilige Zahlen. Auch für die Juden. Der siebenarmige Leuchter, die zwölf Schaubrote gehörten als wesentliche Bestandteile zu den Requisiten des Tempels. Auch vergesse man nicht, daß Palästina das geographische Brückenglied war zwischen den beiden großen Kulturgebieten: dem Zweistromland Babylon, Assur und Chaldea einerseits und dem Nilstromtal Ägypten. Beide Kulturen pflegten in hohem Maße die Sternenkunde. Die Astronomie wie auch die Astrologie nehmen mit der babylonisch-ägyptischen Forschung ihren Anfang. Diese alte Sternenweisheit beruhte auf der Kenntnis des Miteinanderwirkens der sieben Planeten und der zwölf Tierkreiszeichen. Beide, Wandel- wie Ruhesterne, machen zusammen die sichtbare Seite des unsichtbaren Himmels aus, durch den die Naturreiche auf Erden gelenkt werden. Das war der Inhalt der Weisheit der vorderasiatischen und ägyptischen Religionen. Auch wenn Israel nicht mehr zentral diese Sternenkunde als Religion pflegte, gehörte es zur selbstverständlichen Bildung eines Juden, daß er das Rätsel und Geheimnis der sieben Planeten und der zwölf Tierkreiszeichen als Inbegriff des Himmels kannte.

Von dieser Voraussetzung muß die Bedeutung des Satzes verstanden werden, mit dem nach Matthäus (3,2) Johannes der Täufer seine Botschaft begann: »Ändert den Sinn, das Reich der Himmel ist nahe herbeigekommen.« Diese Verkündigung nimmt Jesus von Nazareth nach der Taufe wörtlich auf (Matth.

4,17). Auch er spricht: »Ändert den Sinn, das Reich der Himmel ist nahe herbeigekommen.« Lukas führt diese Botschaft weiter, indem er hinzufügt: »Das Reich Gottes kommt nicht mit äußeren Gebärden. Man wird auch nicht sagen: Seht, hier ist es oder dort ist es! Denn sehet, das Reich Gottes ist inwendig in euch« (Lukas 17,20 f).

Das Reich Gottes und das Reich der Himmel sind im Sinne des Neuen Testaments identisch. Man trennte nicht den äußeren, sichtbaren Sternenhimmel von dem inneren, unsichtbaren Himmel, der das Reich Gottes war. Die Botschaft: »Das Reich der Himmel ist nahe herbeigekommen«, bedeutete: Das, was ihr anschaut in der Majestät des Sternenhimmels, was ihr als Summe von Sonne, Mond und Sternen erlebt, das ist seiner inneren Wirksamkeit nach auf dem Wege zur Erde. Nicht lange mehr, und der bislang »von außen« wirkende Himmel wird in einer neuen Weise in das Erden- und Menschenfeld eingreifen, er naht, er kommt – und seht: Das Reich Gottes *ist* auf Erden erschienen. Ihr könnt es jetzt selbst erfahren: inwendig *in* euch.

Mit anderen Worten: des Messias Mission war es, den Himmel so auf die Erde zu tragen, daß alle Menschen fortab in ihrem Inneren dessen teilhaftig werden können. Die Jünger sollten durch die Fragen ihres Meisters erkennen: Er selbst ist der auf die Erde getragene Himmel. Die Teilnahme an den Speisungen hätte ihnen zu dieser Einsicht verhelfen können, wenn sie auf das Geheimnis der Zwölf und der Sieben aufmerksam geworden wären. Denn durch die Speisung wurde die Ablösung von der ausschließlichen Abhängigkeit vom äußeren Himmel, von Sonne, Mond und Sternen, durch den Himmel Christi deutlich. Menschen, die bis dahin nur die Ernährung »von außen« kannten, erfuhren nun eine innere Sättigung, die durch sein Wesen, seine Worte, seine Augen, seine Hände ihnen zuströmte. Da hätten die Jünger aufmerken sollen. Sie aber machten sich weiter Sorge um das äußere Brot und merkten nicht, wie in seiner Gegenwart ihnen das himmlische »Brot des Lebens« zuströmte – *durch* einen Menschen, in dem die Gottheit einen irdischen Leib angenommen hatte. Darum der Vorwurf: Wozu habt ihr eure Augen und Ohren? »Merkt ihr immer noch nichts?«

Die vier Evangelien verwenden nur sparsam die Benennungen Gottessohn oder Sohn Gottes für den Jesus Christus. Nach Johannes kann kein Zweifel bestehen, daß Jesus Christus, wie es die Anklage der Juden gegen ihn ihm vorwirft, sich selbst als Gottessohn bezeichnet hat.

Vom dritten Kapitel an kommen im Johannes-Evangelium eine Reihe von Hinweisen aus Jesu Munde auf den Gottessohn, den eingeborenen Sohn des Vaters, so Joh. 3,18; 5,25; 10,36 und 11, 4 u. 27. Der erste *Brief* des Johannes ist dann ein einziges Dokument mit dem Ziele, Klarheit zu schaffen, daß Jesus Christus der verkörperte Sohn Gottes war: »Da-

zu ist erschienen der Sohn Gottes, daß er die Werke des Teufels (Versuchers) vernichtete« (1. Joh. 3,8).
Johannes bekennt im vierten Kapitel – ähnlich wie am Schluß des Evangeliums und zu Beginn der Apokalypse –, daß er selbst Augenzeuge der Heilestat Gottes ist: »Und wir haben gesehen und bezeugen, daß der Vater den Sohn als Erlöser (Sotèr) in die Welt gesandt hat« (1. Joh. 4,14).
Und schließlich im fünften Kapitel seines Briefes stellt Johannes die Frage: »Wer ist es aber, der den Sieg über die Welt davonträgt, wenn nicht der von dem Glauben Durchdrungene, daß Jesus Gottes Sohn ist?« (5,5). Seine eigene Antwort lautet nach der Übersetzung von Emil Bock: »Wer sich im Herzen mit dem göttlichen Sohn verbindet, trägt das Geisteszeugnis in seinem Wesen ... Und darin besteht dieses Zeugnis, daß die göttliche Welt uns das Leben der Zeitenkreise (der Ewigkeit) gegeben hat, und dieses Leben ist in dem Sohne Gottes vorhanden. Wer den Sohn hat, der hat auch das Leben; und wer den Sohn nicht hat, der hat auch das Leben nicht« (1. Joh. 5,10 bis 12). Diese Zusammenfassung der johanneischen Christologie gipfelt in dem Satze: »Solches habe ich euch geschrieben, damit ihr wißt, daß ihr das ewige Leben besitzt, ihr, die ihr euer Herz mit dem Namen (= Wesen) des Sohnes Gottes verbunden habt« (1. Joh. 5,13).
In der Regel aber wird für Jesus Christus, den Erlöser, nicht die Bezeichnung der Gottessohn, sondern

der Menschensohn gebraucht, und zwar wenn Jesus von sich selber spricht. Dies geschieht bei den Synoptikern nicht weniger als 69mal und bei Johannes zwölfmal. Es sind Stellen wie: »Der Menschensohn hat nichts, wo er sein Haupt hinlege« (Matth. 8,20); »der Menschensohn muß viel leiden« (Mark. 8,31); »Und alsdann werden sie sehen des Menschen Sohn in den Wolken kommend mit großer Kraft und Offenbarungsglanz« (Luk. 21,27); »Nun ist der Menschensohn verklärt und der Gott ist in ihm verklärt« (Joh. 13,31). Man mag nach dem heutigen Sprachgebrauch einen Gegensatz von »Gottes-Sohn« und »Menschen-Sohn« heraushören. In Wahrheit ist dies nicht der Fall. Der Mensch gewordene Gottessohn, das ist der Menschensohn. Zugleich spricht Jesus mit dieser Bezeichnung aus, daß er selbst der erwartete Messias ist, der nicht als Gott in der übersinnlichen Welt verharrt, sondern sich als Mensch verkörpert hat und *nur* so seine Mission erfüllen konnte – als »Fleisch-gewordener« Gott.[2]

Der Mensch Jesus von Nazareth

Die alte christliche Theologie war in erster Linie eine Christologie. Sie sah ihre Aufgabe in der geistigen Durchdringung der Aussagen des sogenannten »Nicaenums«, d. h. des alten christlichen Glaubensbekenntnisses, in dem das Wesen der Dreieinigkeit Gottes, des Vaters, des Sohnes und des Heiligen Geistes, in den drei »Artikeln« für alle Christen verbindlich ausgesprochen ist.
Das Hauptthema ist die Gottessohnschaft und die Menschwerdung Jesu Christi.
Der Vater wird gleichsam vorausgesetzt als allmächtiger »Schöpfer Himmels und der Erden, alles das sichtbar und unsichtbar ist«.
Der Geist, »der da lebendig macht« und vom Vater und dem Sohne (»filioque«) ausgeht, war zugleich durch die Propheten wirksam und durch die »heilige, christliche, apostolische Kirche«.
Die Lehre vom Sohne Gottes nimmt die zentrale Stelle ein: »Gottes einiger Sohn, vom Vater *vor* aller Welt geboren, nicht geschaffen – als Gott von Gott,

Licht von Licht, mit dem Vater in einerlei Wesen, durch welchen – den Sohn – alles geschaffen ist«. Unverkennbar ist die innere Anlehnung an den Prolog des Johannes-Evangeliums und seine Logos-Lehre. Dann folgt die entscheidende Aussage: Dieser Gottessohn wurde um der Menschen willen mit Hilfe des Heiligen Geistes durch die Jungfrau Maria leibhaftig als *Mensch geboren.* Was zwischen Geburt und dem Tode auf Golgatha »unter Pontius Pilatus« geschah, wird als bekannt aus den Evangelien vorausgesetzt. Vom Leben des Menschen Jesus von Nazareth ist im alten Credo weiter nicht die Rede.

Genau das aber ist, entsprechend der Bewußtseinsentwicklung in der Neuzeit, das Hauptthema der christlichen Theologie in den letzten Jahrhunderten – seit der Aufklärungszeit geworden: Wie verstehen wir den Menschen Jesus von Nazareth als Verkünder der göttlichen Botschaft?

Bekanntlich erwähnen Markus und Johannes nichts von dem Kinde und heranwachsenden Knaben Jesus, sondern beginnen mit dem Dreißigjährigen, der im Jordan durch Johannes die Taufe empfängt. Darum wendet sich das Interesse wie von selbst den Evangelien von Matthäus und Lukas zu, die über die Geburt des Jesuskindes berichten. Während nun aber im allgemeinen die vier Evangelien, wenn sie über die Ereignisse, die in Palästina geschahen, verschieden berichten, einander ergänzen und vier harmonisch zusammenklingende Aspekte vermitteln, bestehen zwischen den Geburtsgeschichten von Matthäus und Lukas unauflöslich erscheinende Widersprüche. Gemeinsam ist beiden allein die Ortsangabe der Geburt: Bethlehem. Alles andere lautet so, als ob von zwei verschiedenen Geburten die Rede sei. Matthäus weiß nichts von den »Hirten auf dem Felde«, durch welche der Lukasbericht seine besondere Weihnachtsstimmung erhält. Lukas hingegen scheint nie von den drei Weisen – Magiern – aus dem Morgenlande gehört zu haben, die von weither mit ihren Geschenken kamen, um das neugeborene Kind anzubeten. Matthäus allein berichtet von den Träumen des Joseph und der Flucht nach Ägypten wie der späteren Rückkehr nach Nazareth. Statt dessen führt uns Lukas nach Jerusalem und läßt die Eltern Joseph und Maria ihr Kind gemäß dem jüdischen Gesetz im Tempel darbringen. Dort begegnen sie dem Greis Simeon, der den Knaben liebevoll auf den Arm nimmt und segnet. Lukas ist es auch, der allein von der Prophetin Hannah weiß und nach zwölf Jahren die Eltern mit ihrem Sohn wieder nach Jerusalem zum Osterfest ziehen läßt, wie es seinerzeit die religiöse Sitte verlangte.

Wenn man dann noch ernst nimmt, daß beide Evangelisten ausführliche Stammbäume über die Abstammung des Kindes Jesus bringen (Matth. 1,2–16 – Luk. 3,23–38), die zwar beide auf den König David zurückführen, im übrigen aber völlig verschieden sind bis auf die Tatsache, daß beide einen Mann namens

Joseph als den Vater bezeichnen, so versteht man, daß viele christliche Theologen diese Geburtsgeschichten, die wie kaum andere Evangelienkapitel die Gemüter von Christen erfüllt und Sitten begründet haben, in den Bereich der frommen Fabel verweisen. Sekundäre Märchen, welche die Geburt des Gottmenschen umranken, um seine spätere Bedeutung glaubwürdiger zu machen, sollen die Berichte von Matthäus und Lukas sein, denen aber keinerlei Wirklichkeitsaussage zukommt.

Man versteht den Schock, den die Träger dieser theologischen Wissenschaftsgesinnung erlebten, als Rudolf Steiner auf Grund seiner Geistesforschung beide Berichte, einschließlich der Stammbäume, als historisch zutreffend erklärte. Ihr Wahrheitsgehalt wird deutlich, wenn erkannt wird, daß es sich tatsächlich um zwei verschiedene Geburten, von zwei verschiedenen Knaben gleichen Namens, deren beide Eltern den damals häufigen Namen Joseph und Maria trugen, handelt. Rudolf Steiner sah sich gezwungen, von zwei Jesus-Knaben zu sprechen. Gemäß den unterschiedlichen Stammbäumen nannte er den Knaben, von dem Matthäus berichtet, den salomonischen Jesus und den lukanischen Knaben den nathanischen Jesus.

Rudolf Steiner schildert die Charaktere beider Knaben. Gemäß den Darstellungen durch Matthäus und Lukas sind beide äußerst verschieden. In dem »salomonischen Knaben« des Matthäus hat sich eine der reifsten Individualitäten der Menschheit wiederverkörpert. Demgemäß gelangte dieser Knabe schnell »zu einer hohen und seltenen Reife«. Beobachter »würden gefunden haben, daß es ein im höchsten Maße frühreifes Kind war«.[6]

Demgegenüber war der Knabe aus der nathanischen Stammeslinie völlig anders geartet. In ihm lebte eine Seele, die sich noch nie früher verkörpert hatte. Rudolf Steiner nennt sie eine »Adamsseele vor dem Sündenfall«. »Das war sozusagen die Adamsseele, die noch unberührt war von der menschlichen Schuld, die noch nicht verstrickt war in das, wodurch die Menschen zu Fall gekommen sind.« Im Sinne des Paulus lebte in diesem Kinde »der alte Adam« – aber wie er war *vor* der Versuchung durch Luzifer.

Die Stimmung, welche die beiden ersten Kapitel von Lukas mit den Verkündigungen an Zacharias und Maria, der Geburt zu Bethlehem und der Botschaft der Engel an die Hirten und deren Ausführung durchzieht, läßt auch heute noch etwas von der unsagbaren unschuldigen Reinheit ahnen, die in diesem Jesus-Knaben Leib angenommen hatte. Wenn wir dann noch erfahren, daß die Seele dieses Kindes vom Himmel aus durchdrungen und inspiriert wurde von dem vollendeten Gautama Buddha, so entsteht das Bild eines durch und durch liebegeneigten Menschenwesens, das durch seine Herzenseigenschaften auf seine Umgebung wohltätig wirkte und von dieser früh verehrt wurde.

In allen praktischen Lebensdingen war dieser Knabe »höchst unbegabt«. Wer nicht tiefer geblickt hätte, würde dieses Kind im heutigen Sinne sogar für dumm gehalten haben. Denn allen Erdenerfahrungen gegenüber zeigte er sich »noch vollständig jungfräulich«. Er war »unbegabt für alles, was die menschliche Kultur entwickelt hatte«.

Um so verständlicher ist das Erstaunen seiner Eltern, als sie – wie Lukas erzählt – mit dem Zwölfjährigen zum Osterfest nach Jerusalem zogen und sie ihn dort, nachdem er einige Tage für sie verloren schien, inmitten der Schriftgelehrten, horchend und mitredend, wiederfanden. Sie erkannten ihr eigenes Kind kaum wieder, eine starke Verwandlung war mit ihm vorgegangen. Aus dem stillen, liebevollen Kinde war ein weiser Jüngling geworden, über dessen Antworten die zuständigen Fachgelehrten in Erstaunen gerieten.

Unter den mancherlei Überraschungen, welche Steiners Angaben enthalten, ist wohl die entscheidendste, daß die beiden Knaben an jenem Tage, an dem der Zwölfjährige den Tempel zu Jerusalem betrat, einander begegnet sind.

Der salomonische Knabe wurde im Erleben des nathanischen Jesus von einer solchen Zuneigung ergriffen, daß sein innerstes Wesen, sein eigentliches Ich, seinen eigenen Leib verließ und sich mit dem anderen Knaben im Herzen auf das tiefste verband. Die Folge war, daß die ihres Kernes beraubte Hülle des

salomonischen Knaben dahinsiechte und starb. Das »Ich« aber blieb im Inneren des nathanischen Knaben und verwandelte diesen von Grund auf. Mit dem liebeerfüllten, gütig-wohltuenden nathanischen Knaben hatte sich das hochentwickelte, weisheitgetragene Ich des salomonischen Knaben zur Einheit vereinigt. Die edelsten Früchte menschlicher Existenz: Liebe und Weisheit, waren in einem irdischen Leibe zu einer Individualität verschmolzen.
Dies ist der Mensch Jesus von Nazareth, der weiter heranwuchs, das Handwerk seines Vaters lernte und als Dreißigjähriger zum Jordan ging, um die Taufe durch Johannes zu empfangen.
So schockierend diese Mitteilungen beim ersten Aufnehmen auch für das der traditionellen Lehre verbundene Gemüt wirken, so lichtverbreitend können sie das Verständnis aufhellen, wenn man längere Zeit diese Angaben unbefangen prüft und mit ihnen lebt.[7]

Die Taufe im Jordan

Bekanntlich wurde in den ersten Jahrhunderten des Christentums das Geburtsfest Jesu, das wir heute als Weihnachten begehen, nicht gefeiert. Statt dessen galt als hoher Festtag der 6. Januar, der Tag der Taufe Christi. Als solcher trägt er den Namen: Tag der Epiphanie (Erscheinung), denn mit der Jordantaufe erschien der Christus, der Messias auf Erden. Bis heute wird die auf den 6. Januar folgende Zeit von den christlichen Kirchen Epiphaniaszeit genannt, doch wird das Erlebnis dieses Jahresabschnittes durch die Feier des Weihnachtsfestes so überschattet, daß es demgegenüber in seiner Bedeutung völlig verblaßt und als hohe Festeszeit kaum noch erlebt wird.
In dieser Tatsache spiegelt sich die geistige Situation des Christentums der Gegenwart wider. Der Mensch Jesus von Nazareth wird von den heutigen Christen noch gesucht, das Wesen des Gottessohnes Christus liegt außerhalb des primären Interesses. Jedenfalls von all denen, die sich nicht zu den orthodox-konservativen, sondern zu den fortschrittlichen Christen

zählen. In dieser verbreiteten Haltung liegt eine wesentliche Ursache für die Zersplitterung und Selbstauflösung des gegenwärtigen Christentums.
Natürlich setzt das Taufgeschehen, das sich durch die aktive Mithilfe Johannes des Täufers vollzog, Geburt, Jugend und Heranreifung des Jesus von Nazareth voraus. Abgesehen von den beiden Geburtsgeschichten nach Matthäus und Lukas kennen wir aus dem Leben der ersten 30 Jahre Jesu aus den Evangelien nur die Erzählung von dem 12jährigen Knaben im Tempel zu Jerusalem, so wie sie von Lukas berichtet wird (Luk. 2,41–52).
Erst Rudolf Steiner wagte es in Vorträgen, denen er den Titel »Aus dem fünften Evangelium« gab, diese Lücke vorsichtig auszufüllen und auf Grund seiner hellsichtigen Schau Einzelheiten aus der Zeit zwischen dem 12. und 30. Jahre des Lebens Jesu mitzuteilen.[8] Wir erfahren, daß der junge Jesus von Nazareth, der das Zimmermanns-Handwerk seines Vaters Joseph gelernt hatte, Wanderungen durch Palästina und die angrenzenden Landschaften unternahm. Dabei lernte er Menschen aller Stände kennen, die ihrerseits von der substantiellen Reife und Weisheit des Jünglings tief berührt wurden. Unter dem starken Eindruck, daß die Menschen seiner Zeit sich immer mehr von dem Gotte entfernten, der einst noch so unmittelbar zu Moses, zu Abraham und den Propheten gesprochen hatte, wurde Jesus immer stiller und schweigsamer. »Immer bedrückte es ... seine

Seele, wenn er hörte, daß in alten Zeiten der Geist über die Propheten gekommen sei, daß Gott selber inspirierend gesprochen habe zu den alten Propheten und daß jetzt die Inspiration von dem nachgeborenen Geschlechte gewichen sei.« Er selbst verfügte über »eine hohe hellseherische Kraft«. Doch gerade dadurch nahm er wahr, wie Dämonen statt guter Geister sich des Landes und der Menschen zunehmend bemächtigten. Diese Einsicht verdichtete sich in der Seele des Jesus zu einem immer tieferen Schmerz.
So berichtet Rudolf Steiner über den etwa 24jährigen: »Jesus von Nazareth war zu einem Menschen geworden, der tief in die Geheimnisse des Lebens hineinschaute ... wie bisher niemand auf der Erde, weil niemand vorher betrachten konnte, bis zu welchem Grade menschliches Elend sich steigern kann.« Und aus diesem Erleben der Geistverlassenheit und deren Folgen für die Menschheit konzentrierte sich das Seelenleben Jesu in die Frage: »Wie kann der Verbreitung jenes Jammers auf der Erde Einhalt getan werden?«
Man wird in der Gegenwart solche geisteswissenschaftlichen Mitteilungen über Ereignisse, für welche es keine Dokumente gibt, zunächst mit Befremden aufnehmen. Doch sei an das Fragment von Novalis erinnert: »Wer hat das Evangelium für geschlossen erklärt?« – Da für weite Inhalte des Neuen Testamentes auch die Evangelisten nicht für sich in Anspruch genommen haben, selbst Augenzeugen der von

ihnen geschilderten Ereignisse gewesen zu sein, muß man sich auch heute die Möglichkeit offenhalten, daß es Erfahrungen von physischen und geistigen Begebenheiten auch auf hellsichtige, inspirative Weise gegeben hat und immer wieder geben kann, wenn einzelne Menschen dafür reif sind und das entsprechende Charisma haben.

Rudolf Steiner berichtet, daß Jesus von Nazareth und Johannes der Täufer sich schon als Jünglinge im Umkreis des Essäer-Ordens begegnet waren. Angeregt durch die Lehren der Essäer, die in klosterähnlichen Gemeinschaften lebten, mag dem Täufer seine Sendung voll bewußt geworden sein: die Menschheit zur grundlegenden Sinneswandlung aufzurufen und sich für den Empfang des Messias vorzubereiten.

Anders wirkte die Begegnung mit den Essäern auf Jesus. Drei Einsichten wurden ihm deutlich. Über das historische Hebräertum mußte er sich das Urteil bilden: Es ist nicht mehr fruchtbar für die Erde. Die Kunde des alten Judentums ist verklungen, denn die Menschen sind nicht mehr da, die diese Lehre ins Leben überführen können.

Weiter: die vorderasiatischen Mysterienkulte wie auch der aus Persien stammende Mithrasdienst finden nicht mehr das ursprüngliche Verständnis. Selbst wenn alle Mysterien vereint würden, so sind wiederum die Menschen nicht mehr da, welche sie verstehen könnten. Und schließlich: das Essäertum isoliert seine Ordensmitglieder von der übrigen Menschheit. Da doch nicht alle Menschen Essäer werden können, muß die Folge sein, daß eine Gruppe von Menschen sich von den anderen absondert, für sich selbst den Aufstieg gewinnt, die andere Menschheit aber nur um so tiefer in ihr Elend versinkt. Sie befreien sich von den bösen Mächten, um selber glücklich zu werden, aber sie verurteilen dadurch die anderen Menschen um so stärker zur Verhaftung an die Materie.

Jesus teilte diese grundlegenden Einsichten in innigen Gesprächen seiner eigenen Mutter mit und beeindruckte sie dadurch zutiefst.

Er selbst war seit diesen Gesprächen wie verwandelt. Denn es waren für ihn keine theoretischen Erkenntnisse, sondern Erlebnisse von starker Kraft und äußerster Konsequenz, wenn man sich an seine ursprüngliche Frage erinert: »Wie kann der Verbreitung des Jammers auf der Erde Einhalt geboten werden?« Denn auf Grund der drei Einsichten lautet die Antwort: »Auf keinem der bisher wirksamen Wege!«

Diese Antwort ergriff das innerste Gefüge der Jesus-Individualität und durchdrang ihn mit einem namenlosen Schmerz. Auch seine Umgebung nahm diese Verwandlung seines Wesens, die damit einsetzte, wahr. Man meinte, »er hätte den Verstand verloren«. »Man sah ihn als einen Verlorenen an. Er ging in der Tat auch tagelang wie traumhaft im Hause umher.«

Sein ganzes Wesen hatte sich mit der Notsituation

der Menschheit verbunden und mit derselben identifiziert. Er selbst fühlte sich bei aller überragenden Weisheit außerstande, die notwendige Hilfe zu geben und die Wendung zu bewirken. Der Schmerz hatte eine solche Stärke angenommen, daß das Ich des Jesus von Nazareth sich vom beseelten Leibe wieder trennte und diesen wie ein einziges Schmerzgefäß auf Erden zurückließ. Wie traumhaft wurde dieses geistverlassene, edle Seelen-Leibesgebilde auf den Weg zum Jordan geführt. »Sein letzter Entschluß entstand so, daß er sich wie mechanisch aus dem Hause fortbewegte zu dem ihm schon bekannten Johannes dem Täufer.«[8]

Hier geschah, was alle vier Evangelisten berichten: Johannes taufte den zu ihm Kommenden. Das leere Gefäß empfing seinen neuen Inhalt. In der Hülle eines Menschen nahm der Gottessohn Wohnung auf Erden – der Christus im Jesus.

Das Alte Testament schließt mit dem Buche des Maleachi. In ihm findet sich der Vers: »Sehet! Ich sende meinen *Boten,* daß er den Weg vor mir bereite; und plötzlich kehret in seinen Tempel ein der Herr, den ihr suchet, und der *Bote* des Bundes, den ihr wollet, sehet! der kommt, spricht der Herr, der Weltenherrscher. Wer wird den Tag aushalten, da er kommt, und wer wird bestehen, *wenn er erscheint?«* (Mal. 3,1–2).

Indem die Synoptiker, jeder in seiner Weise, sich auf diese Stelle des Maleachi beziehen, wollen sie zeigen, daß der von Maleachi angekündigte Bote Johannes der Täufer gewesen ist und daß mit der Taufe am Jordan sich die »Erscheinung« des Messias, des Christus auf Erden vollzogen hat.

In gleichem Sinne wurde die Prophezeiung des Jesajas als erfüllt angesehen: »Laut ruft einer in der Wüste: Machet eben den Weg des Herrn und gerade die Bahn für unseren Gott in der wüsten Gegend!« (Jes. 40,3) Darum die Betonung, daß Johannes seine Stimme als Rufer in der Wüsteneinsamkeit erhebt.

Nicht im Jordanwasser selbst, sondern unmittelbar nach der Taufe, »in dem Augenblick, da er aus dem Wasser heraufstieg«, geschah die »Epiphanie«. Die Himmel öffneten sich (Matth. 3,16) – Markus sagt: »spalteten sich« –, und der göttliche Geist senkte sich – im Geistbilde »wie eine Taube« – auf Jesus von Nazareth und drang in ihn ein. Zugleich wurde eine Stimme hörbar: »Du bist« (nach Markus und Lukas) »mein mir in Liebe verbundener Sohn, in ihm komme ich zur Erscheinung« – werde ich offenbar.

Von dieser Stunde war mit dem Menschen Jesus von Nazareth der Gottessohn, der Christus, der prophezeite Messias verbunden und begann sein Handeln auf Erden.

Am eindrucksvollsten ist der an die Taufe anschließende Bericht des Markus über diese erste Wirksamkeit. Sein Stil ist gerafter als der von Matthäus und Lukas. Er bringt im ersten Kapitel die Taufe, die

Versuchung, die erste Verkündigung, die Jüngerberufung, einen Zusammenstoß mit den Schriftgelehrten in der Schule zu Kapernaum, die Austreibung eines »unsauberen Geistes«, d. h. die Heilung eines von einem Dämon besessenen Menschen, die Heilung der Schwiegermutter des Petrus und eines Aussätzigen. Wie gesagt, alles in einem einzigen Kapitel – aber so, daß dadurch das Übermenschliche, das »ganz andere«, das nun durch Jesus von Nazareth zu wirken begonnen hatte, deutlich wird. Das Einmalige, alle Menschenkraft Übersteigende wird durch Sätze unterstrichen wie: »Und sie entsetzten sich alle, also, daß sie untereinander sich befragten: Wer ist dieser? Was ist das für eine neue Lehre? Mit Vollmacht gebietet er den unreinen Geistern und sie gehorchen ihm!« (1,27) »Und er half vielen Kranken, die mit manchen Seuchen beladen waren. Er trieb viele Dämonen aus, die er nicht zur Sprache kommen ließ, da sie sein Wesen erkannten« (1,34).

Dieser »okkulte« Vorgang wird von Lukas so charakterisiert: »Es fuhren auch aus vielen die Dämonen aus, die schrien und sprachen: Du bist Christus, der Sohn Gottes! Und er bedrängte sie, ließ sie nicht reden, denn sie erkannten, daß er der Christus sei« (Luk. 4,41).

Hier wird deutlich, daß es nicht gleichgültig ist, auf welche Weise die Erkenntnis des Gottessohnes im Menschen zustande kommt. Es muß ein Akt innerer Freiheit sein, aus dem heraus ein Mensch wie Petrus

sagen kann: »Wir haben geglaubt und erkannt, daß du bist Christus, der Sohn des lebendigen Gottes.« Auch die Jünger werden angewiesen, über ihre Einsicht zu schweigen. Erst was dem einzelnen Menschen auf suchendem Wege in Freiheit aufgeht, kann ihm zu unverlierbarer Gewißheit werden. Alles sensationell (durch Dämonen) oder dogmatisch (durch blinde gläubige Anhänger) Vermittelte kann sich nicht gültig mit dem wahren Selbst eines Menschen verbinden. Das galt damals und gilt auch heute.
Zwei Seiten des Christus traten gleichsam als Ausweis für seine übermenschliche Wesenheit in Erscheinung: Er lehrte gewaltig, mit Vollmacht (aus exusia), nicht wie die bisherigen Gelehrten der Schrift – und: »Wer ihn anrührte, wurde gesund.«
Trotzdem brauchte es seine Zeit, bis selbst im Jüngerkreis Seelensicherheit darüber herrschte, daß ihr Meister nicht nur ein großer Prophet, sondern der ersehnte Messias selber ist.

Die Verklärung

Letzte Klarheit über das Wesen Jesu Christi mag im inneren Führungskreis der Jünger, bei Petrus, Jakobus und Johannes, durch das Erlebnis eingetreten sein, das die »Verklärung auf dem Tabor-Berg« genannt wird. Auch über diesen einschneidenden Vorgang berichten die Synoptiker übereinstimmend und zugleich sich ergänzend.
Es sind dieselben Jünger: Petrus und die Brüder Jakobus und Johannes, die aus dem Jüngerkreis von ihrem Meister später ausgewählt werden, in Gethsemane ihm zur Seite zu stehen. In beiden Situationen wird ihnen eine Aufgabe gestellt, der sie nicht gewachsen sind. Doch wie stets im menschlichen Leben: auch Scheitern und Versagen kann nachträglich sinnvoll werden, wenn die Betreffenden aus den offenbar gewordenen Schwächen zu lernen gewillt sind.
Nach Lukas ist es auf der Höhe des Berges Tabor sowie in der Tiefe des Kidrontales im Garten Gethsemane die gleiche Unzulänglichkeit, welche die Jünger versagen läßt. Sie bringen die geistige Wach-

heit nicht auf, die von ihnen in beiden Stunden gefordert wird. So auf dem Tabor: »Petrus und die beiden mit ihm waren schwer von Schlaf.«
Trotzdem hatten sie Erlebnisse, die ihr Bewußtsein vorübergehend aufzuhellen vermochten.
Das erste Erlebnis besteht in einer übersinnlichen Wahrnehmung. Hatten sie ihren Herrn und Meister bis dahin liebend und verehrend mit den Augen des Leibes angeschaut, so durften sie ihn jetzt, da er im Gebet versunken war, mit den Augen des Geistes sehen. »Er verwandelte (verklärte) sich vor ihrem Blick, seine Gewänder strahlten in einem hellweiß glänzenden Licht. Sein Antlitz leuchtete wie die Sonne« (Matth. 17,2) – wie der Sonnengott Helios. Da erscheinen in der Aura dieser Sonne zwei männliche Geistgestalten aus dem Totenreich: Moses und Elias, wie im Gespräch mit dem Christus begriffen. An dieser Stelle fügt Lukas den oben zitierten Satz ein, daß die Jünger »voll Schlaf« waren. Ihr Bewußtsein ist im jenseitigen Bereich zu schwach. Doch sie ermannen sich für Augenblicke: »Da sie aber aufwachten, sahen sie seine Klarheit und die zwei Männer bei ihm stehen.«
Moses, der Gesetzesgeber und Wegweiser in das gelobte Land, und Elias, die Flamme der unbesieglichen Frömmigkeit, sind die beiden entscheidendsten Führer Israels, welche das Volk auf seinen geschichtlichen Weg gewiesen haben. Jetzt, da sich das durch sie vorbereitete Geschick erfüllte, der Messias er-

schienen war, waren auch sie beide geistig zugegen, und die drei Jünger durften dies übersinnlich gewahr werden. Aus diesem Erlebnis heraus stammelt Petrus die so oft zitierten Worte: »Meister, hier ist es gut sein! Lasset uns drei Hütten machen: Dir eine, Moses eine und Elias eine.« Markus und Lukas fügen hinzu: »Und wußte nicht, was er redete.«

Trotzdem können wir ahnen, was Petrus meinte: Dieser außergewöhnliche Zustand, in dem sie ihren Meister leuchtend und in seiner Sonnen-Aura die beiden Geistgestalten von Moses und Elias wahrnahmen, geschieht in einer so guten Lebensatmosphäre, daß Petrus ihn so auf längere Zeit bewahren möchte, indem sie diesen erlebten Jenseitsmächten bleibend Wohnung (Hütte) geben, auf daß diese im Diesseits wirksam werden können. »Doch während er noch« – halbbewußt stammelnd – »redete, überschattete sie eine lichte Wolke.« Die Bilderscheinung (Imagination) verwandelte sich in ein Inspirationserlebnis. Eine Stimme erklang aus der leuchtenden Wolke: »Dies ist mein geliebter Sohn, in dem ich zur Offenbarung komme. Hört auf ihn« (Matth. 17,5). Der gleiche Satz aus dem Munde der Gottheit, der auch über dem getauften Jesus erklang, als er in der Tiefe der Erde den Wassern des Jordan entstieg, erklingt jetzt neu auf der Höhe des Tabor.

Der Taufort befindet sich kurz vor dem Einfluß des Jordans in das Tote Meer. Dieses liegt 384 m unter dem Meeresspiegel. Der Tabor erhebt sich 562 m über

das Mittelmeer. Der Höhenunterschied beträgt somit 946 Meter.
Jerusalem, die »hochgebaute Stadt«, liegt noch um rund 240 m über dem Tabor. Hat man diese geographischen Daten beim Verfolgen des Lebens Jesu im Bewußtsein, so ahnt man ihre zeichenhafte Bedeutung: Die Taufe, die Inkarnation des Gottessohnes in einem menschlichen Leibe, fand an einer Stelle statt, die zu den tiefsten natürlichen Einsenkungen der Erde gehört. Die »Verklärung« geschah auf einem Bergesgipfel, der weithin sichtbar das galiläische Land überragt.
Doch der Tod auf Golgatha ereignete sich auf einer »Höhe«, die auch den Tabor noch übersteigt. Wenn das Evangelium die Passionsdarstellung mit den Worten Jesu in Jericho am Jordan beginnt: »Lasset uns hinaufziehen nach Jerusalem!« – so bedeutet das zugleich den Anfang eines irdischen Weges zur Höhe von annähernd 1200 Metern und das geistige Schreiten zum Höhepunkt des Weges des Gottessohnes auf Erden: durch Tod und Auferstehung zur Himmelfahrt.

Der Weg nach Golgatha

Die drei Jahre von der Taufe bis zum Tode auf Golgatha verlaufen nicht gleichmäßig. Von der Anfangszeit heißt es: »Und Jesus ging umher im ganzen galiläischen Lande, lehrte in ihren Schulen und verkündete die neue Botschaft von dem Gottesreiche und heilte alle Seuchen und Krankheiten im Volke. Und sein Ruf drang in das ganze Land der Syrer. Und sie brachten zu ihm viele Kranke, mit Leiden und Qualen behaftet, Besessene, Mondsüchtige (Somnambule) und Gichtbrüchige. Und er heilte sie alle« (Matth. 4,23–24), und: »Alle, die ihn berührten, wurden gesund« (Mark. 6,56), und: »Und alles Volk begehrte ihn zu berühren; denn es ging eine Kraft von ihm aus, die alle gesundete« (Luk. 6,19).
Je näher Golgatha herankommt, um so stiller wird es um Jesus. Etwa auf der Mitte des Weges verfügt Jesus Christus noch so frei über seine Kraft, daß er dieselbe seinen Jüngern übertragen kann. »Und er rief die Zwölf zusammen und gab ihnen Gewalt (dynamis) und Macht (exusia) über alle Dämonen und die Kraft, Seuchen zu heilen« (Luk. 9,1). Am Ende des

Weges aber liegt Gethsemane. War er bis dahin stets für andere dagewesen, so kommt jetzt der Augenblick, da er erst- und einmalig Jünger bittet, für ihn dazusein und mit ihm zu wachen. Und diesen – menschlich gesehen – einfachen Dienst vermögen sie ihm nicht zu leisten. Ihr »Geist war willig, doch ihr Leib zu schwach«.

An das Ringen Jesu Christi in Gethsemane haben sich viele Mißverständnisse angeschlossen. Gegner des Christentums meinten daraus den Beweis ableiten zu können, in dieser Stunde sei deutlich geworden, daß es sich um einen Menschen und nicht um einen Gott handle: Die Fülle der Kraft sei dahin, Jesus habe sich »verausgabt«. Der auf Gesundung drängende Egoismus der Kranken habe ihm seine Lebenskräfte geraubt. Er sei am Ende gewesen, ausgezehrt bis zum letzten. Im Grunde habe er selbst den Tod ersehnt als Ausweg aus einer hoffnungslosen Lage. Darum seien in den Wochen zuvor aus seinem Munde die wiederholten »Leidensverkündigungen« als Ausdruck seines Wunsches nach einem guten Abgang aus einer ausweglos gewordenen Lage gekommen. Sowie es ernst wurde, da sei der kleine, sterbliche Mensch zum Vorschein gekommen. Alles andere als ein Gott, fürchtete sich in Gethsemane – so sagt man – der von seinem Throne als Weltheiland herabgesunkene und zur Kreatur gewordene Jesus von Nazareth. So etwa lautet eine Darstellung von Gethsemane in dem Buche »Der Menschensohn« von Emil Ludwig (1881–1948).

Die Suggestion, die von einer solchen »Beweisführung« ausgeht, ist keine geringe. Tatsächlich gibt es Heiler-Schicksale, die einen ähnlichen Verlauf genommen haben. Am Anfang die Überfülle des heilenden Wirkens, dann das Schwächer-und-schwächer-Werden im Übertragen von gesundenden Kräften als Folge der Überforderung. Doch der Ruf der Heilfähigkeit hat sich verbreitet. Von allen Seiten strömen die Kranken herbei und nehmen ihm die letzten Reserven. Flucht aus der Öffentlichkeit, ja Flucht in den Tod erscheint als einzige Lösung, sich aus der Affäre zu ziehen, ohne das Gesicht als Wohltäter der Menschheit zu verlieren.
So sehr für eine bestimmte Art von Heilern eine solche Auslegung einleuchtet, so ist sie völlig unzutreffend, wenn man sie auf das Leben Jesu und das Geschehen in Gethsemane übertragen will. Allerdings bedarf es für das Verständnis des Evangeliums einer genaueren Übersetzung des Textes, als sie in der üblichen Luther-Bibel vorliegt.
Matthäus und Markus brauchen drei Verben für den Seelenzustand, in dem sich Jesus Christus im Garten Gethsemane befand. Wenn Luther übersetzt: »und fing an zu zittern und zu zagen«, so wird der Leser in die Irre geleitet. In Wahrheit ist es vor allem tiefste Trauer und Erschütterung der Seele, die in dieser Stunde den geschwächten Leib Jesu in Todesnähe brachte: »Tristis est anima mea usque ad mortem« – »Voll Trauer ist meine Seele bis auf den Grund des

Todes.« Der Weg, der mit der Taufe begann, war an sein Ziel gelangt. Christus der Gottessohn war von Stufe zu Stufe mit einem menschlichen Erdenleib verbunden, hatte diesen bis in die letzte Faser durchdrungen und war bis zur vollendeten Einheit mit ihm verschmolzen. Indem der Christus den Abstieg aus Sonnenhöhen des Geistes (Tabor) bis in die tiefste Tiefe eines Menschenleibes von Haut und Knochen vollzog, begegnete er hier seinem Urwidersacher, der Weltmacht Tod.

Nicht die Heilungen und Liebestaten, die durch die drei Jahre von ihm ausgegangen waren, hatten seine Kräfte verzehrt, sondern der Inkarnationsprozeß seines göttlichen Wesens in einem irdischen Menschenleibe hatte allen Überschuß himmlischen Geistes absorbiert und *diesen Leib* buchstäblich auf dem Wege der Durchgeistigung *verbrannt.* Jetzt auf der untersten Talsohle seiner irdischen Existenz stand ihm der Tod in aller Realität gegenüber und drohte unmittelbar vor Erreichen des letzten Zieles die Vollendung unmöglich zu machen.

Man ist verpflichtet, hier jedes Wort auf die Waagschale zu legen, um ahnend das innere Geschehen erfassen zu können. Matthäus schreibt, daß Jesus, nachdem er einen geringen Abstand von den Jüngern genommen hatte, »auf sein Antlitz *fiel«.* Im gleichen Sinne betont Markus, » er *fiel* auf die Erde«. Lukas sagt zwar nur, daß er kniend betete, gibt aber dann entscheidende Hinweise: »Und es kam, daß er mit dem Tode rang und betete heftiger. Es ward aber sein Schweiß zu Blutstropfen, die fielen auf die Erde« (nach Luther). Im lateinischen Text steht für »mit dem Tode rang«: »Et factus in agonia« – ebenso im Griechischen: ἐν ἀγωνίᾳ. Das Wort Agonie wird heute noch im medizinischen Sinne für den letzten Todeskampf gebraucht. Durch den zu Boden tropfenden Blutschweiß wird diese Agonie als Kampf auf Leben und Tod realistisch beschrieben: Es drohte der Tod als unmittelbar bevorstehendes Ereignis. Der Leib ist völlig geschwächt und nicht mehr fähig, als Organ dem göttlichen Geiste Christi zu dienen. Was nie ein Gott erfuhr – man denke nur an die Götter der Griechen und Germanen – wurde in Gethsemane zur Wirklichkeit: Der Gottessohn rang im Leibe des Jesus von Nazareth auf Sein und Nichtsein mit der Macht des Todes.

An keiner Stelle ist im Evangelium nur von der Angst vor dem Tode die Rede. Nicht um menschliche Todesfurcht allein handelt es sich hier, sondern um ein Ringen, bei dem die Gefahr bestand, daß der Tod Sieger bleiben würde und damit das Karfreitags-Ereignis, *der Tod am Kreuz, verhindert* worden wäre. Unfaßbar, was geschehen wäre, wenn die göttliche Konzeption, daß der Gott durch den Kreuzestod auf Erden hindurchgehen sollte, am Vorabend zunichte gemacht worden wäre! So bat Jesus Christus seine Jünger um Hilfe im Bewahren durchtragender Wachheit. Doch die drei besonders Ausgesonderten – die-

selben wie auf dem Tabor –: Petrus, Jakobus und Johannes, versagten. Von Traurigkeit überwältigt schliefen sie ein.
Als Antwort auf das betende Ringen des Christus im tödlich geschwächten Leibe erfolgte die Gnadenhilfe: »Es erschien ihm aber ein Engel vom Himmel und stärkte ihn.« Durch Beistand aus der Engelhierarchie vermochte der Gott im Menschen den durch seinen übermächtigen Geist verbrannten, schwachen Leib noch einen weiteren halben Tag hindurchzutragen – bis zum end-gültigen Tode, bis zum Tode am Kreuz.
Rückblickend übersehen wir den Geistespfad des Gottes im Menschen. Er begann mit der Taufe im Jordan, führte auf den Tabor-Berg zur Verklärung eines Menschen durch die geistige Lichtgestalt des sich verkörpernden Gottes und endete schließlich in der Tiefe und Einsamkeit des Kidrontales, im Garten Gethsemane im völligen Einswerden mit einem sterblichen Leibe an der Schwelle des Todes.
Die Gefahr, daß Golgatha durch ein frühzeitiges Sterben im Garten Gethsemane unmöglich würde, war überwunden. Der geschwächte Leib leistete noch die unumgänglichen Dienste. Nur das Kreuz vermochte er selbst nicht mehr zu tragen. Ein Mensch, Simon von Kyrene, wurde an seiner Stelle dazu gezwungen. Seinen bitteren Weg aber durch Gefangennahme, Verhöre, Verhöhnung, Geißelung, Dornenkrönung bis zur Annagelung an die Kreuzesbalken konnte Jesus Christus durchleiden, bis aus

seinem Munde die Worte kamen: »Es ist vollbracht.« Der edle Leib, der durch drei Jahre das Gefäß für den Messias, für den Gott in Menschengestalt sein durfte, wurde von Nägeln durchschlagen, und aus den Wunden floß das Blut auf die Erde. Wir haben keinen Anlaß, die Darstellungen der Evangelisten gerade dieser Stunde auf Golgatha zu bezweifeln: »Und es war um die sechste Stunde, und es ward eine Finsternis über das ganze Land bis an die neunte Stunde, und die Sonne verlor ihren Schein, und der Vorhang des Tempels zerriß mitten entzwei« (Lukas). Matthäus ergänzt: »Und die Erde erbebte, und die Felsen zerrissen, und die Gräber taten sich auf ...« Ein römischer Hauptmann, der als solcher seinen Dienst in der Aufsicht bei der Kreuzigung zu verrichten hatte, wurde zu seinem Bekenntnis »Wahrlich, dieser ist Gottes Sohn gewesen« gerade dadurch veranlaßt, daß er als Augenzeuge die Ereignisse der Verfinsterung der Sonne, des Erbebens der Erde und des Todes am Kreuz zusammenschaute. Er sprach aus, was heute vollbewußt erkannt werden muß: Was auf Golgatha geschah, war niemals nur ein menschliches, sondern es war zugleich ein kosmisches Ereignis – das für die Welt, für die Erde wie für die Menschheit von höchster Bedeutung war. Wenn wir Mitteilungen Rudolf Steiners uns zu eigen machen können, vermögen wir das, was geistig-physisch durch das »Ereignis von Golgatha« kosmisch geschah, etwa so auszusprechen: In dem Augenblick, als äußerlich die Verfinsterung der Sonne eintrat, die Erde durch das Beben erzitterte und vom gemarterten Leibe das Blut aus den Wunden auf die Erde floß, leuchtete die Erd-Aura auf. Denn nun hatte sich der Christus-Geist für alle künftige Zeit mit der Erde verbunden, um diese zugleich mit der Menschheit ihrem göttlichen Ziele entgegenzuführen.

Wir verstehen, daß es völlig abwegig ist, wenn man die Größe und Bedeutung des Todes Christi ahnend erfaßt hat, das ganze Geschehen allein durch einen Menschen erlitten zu denken. Mit Notwendigkeit bedeutet liberale Jesulogie den absoluten Verlust der zentralen Tatsachen des Christentums und die Negierung der christlichen Botschaft. Jesus als menschlicher Prophet wird auch von Mohammed im Koran anerkannt. Im Kampf der Kreuzritter gegen den Islam ging es nicht um die Verkündigung eines Menschen, sondern um den Gott in Menschengestalt, der den Erdentod erlitt, den Tod überwand und – *auferstand.*

Die Auferstehung

Die Entscheidung im Kampfe des Gottessohnes mit der Macht des Todes auf Erden fiel in der Morgenfrühe des dritten Tages.
Am Karfreitag starb Jesus Christus den Kreuzestod, am Karsamstag ruhte der Leib im Grabe – in der ersten Morgendämmerung des Sonntags erlebte Maria Magdalena als erster Mensch auf Erden den Auferstandenen.
Auch in der Nacht zum Sonntag war die Erde nicht zur Ruhe gekommen. Wieder erschütterte ein starkes Erdbeben die Landschaft von Jerusalem. Matthäus deutet an, daß durch die Erdbodenerschütterung, die von einem Gewitter begleitet war, die Öffnung der verschlossenen Grabkammer erfolgte. In seiner Sprache lautet es so: »Und siehe, es geschah ein großes Erdbeben. Denn der Engel des Herrn kam vom Himmel herab, trat hinzu und wälzte den Stein vom Tor des Grabes und setzte sich darauf. Und seine Gestalt war wie ein Blitz und sein Gewand leuchtend wie Schnee« (Matth. 28, 2 u. 3).

Soweit, kann man sagen, ging alles mit natürlichen Dingen zu. Erdbeben und Gewitter wirkten zusammen und legten das Grab frei. Für Matthäus ist das physische Geschehen geistig transparent, durchsichtig. Der leuchtende Blitz ist ihm das Gewand einer Engelmacht.

Vom Blitz getroffen fielen die von Pilatus bestellten Grabwächter zu Boden, fast tödlich gelähmt vor Schrecken und Furcht. In diesem Augenblick kommen die Frauen zum Grabe, erleben die Lichtgestalt des Engels und erhalten Hilfe, das nun schier unbegreifliche Geschehen zu verstehen: »Ihr suchet Jesum, den Gekreuzigten. Er ist nicht hier. Er ist auferstanden, wie er es zuvor gesagt hat. Tretet heran und seht die Stätte, an der er gelegen hat.«

Wenn in den letzten Jahrzehnten von Theologen (Althaus u. a.) behauptet wurde: »Auf das leere Grab kommt es nicht an«, so steht dies in eindeutigem Widerspruch zu den Evangelien. Ausdrücklich werden die Frauen aufgefordert, in das Grab zu blicken, um die leere Stelle zu sehen, wo der Leib gelegen hatte und nun nicht mehr lag.

Diese Erstbegegnungen mit dem Engel am leeren Grabe erhalten durch den Bericht des Johannes-Evangeliums noch eine besondere Vertiefung. Selbstverständlich war weder für Maria Magdalena und die anderen Frauen noch für die Jünger zugleich mit der Wahrnehmung des leeren Grabes auch das volle Verstehen der Auferstehung gegeben. Während die von

Maria Magdalena herbeigerufenen Jünger Johannes und Petrus die leere Grabkammer betreten hatten, stand sie selbst weinend draußen vor dem Grabe. Offenkundig war sie »außer sich« vor Schmerz. Ihre Seele war nicht mehr mit der Sinnenwelt verbunden, sondern verweilte in der angrenzenden Geisteswelt. In dieser Verfassung sieht sie wieder überirdische Gestalten, die sich ihr vom Grabe her nahen, und hört die Frage: »Weib, warum weinest du?« Mit dem letzten ihr gebliebenen irdischen Bewußtsein antwortet sie: »Sie haben meinen Herren fortgenommen, und ich weiß nicht, wo sie ihn hingelegt haben.« In diesem Augenblick taucht hinter ihr eine Gestalt auf, die Maria Magdalena nur undeutlich wahrnimmt. Diese stellt die gleiche Frage, wie sie zuvor aus dem Engelbereich zu ihr drang: »Warum weinst du?« – und »wen suchst du?« Da sie die Gestalt für den Gärtner hält, fragt sie ihn unmittelbar: »Herr, hast du ihn fortgetragen, so sage mir doch, wohin du ihn gelegt hast – dann will ich ihn holen.«

Frage und Antwort erscheinen – menschlich gesehen – paradox. Sie fragt den Auferstandenen nach dem Leib des Auferstandenen. Trotz ihres Zustandes im Außer-sich-Sein reagiert sie logisch im irdischen Sinne. Nicht anders müßte heute jeder Mensch fragen, der vor die physische Tatsache des leeren Grabes gestellt würde und mit seinem irdischen Bewußtsein den Leib des Verstorbenen sucht: »Wer hat ihn fortgenommen, wohin ist er gelegt?«

Erst als der Auferstandene Maria Magdalena bei ihrem Namen nennt, vollzieht sich in ihr die Wendung. Sie entdeckt, daß derselbe, dessen erstorbenen Körper sie so schmerzlich vermißte, in verwandelter Gestalt ihr nahe ist: »Da wandte sie sich um und spricht zu ihm: Rabbuni (das heißt: Meister).« Sie hat ihn erkannt.

Im gleichen Augenblick aber zeigt sie sich der nun eingetretenen Situation wieder nicht gewachsen. Sie sucht den innig Geliebten und Beweinten zu umarmen, *als ob* er im irdischen Leibe vor ihr stünde. Nun muß sie sich sagen lassen: »Noli me tangere! Rühre mich nicht an.«

So sehr auch die Gestalt des Auferstandenen leibliche Züge trägt, ist sie doch kein materieller Leib, der wie ein solcher berührt werden darf. Maria Magdalena muß erst lernen, zu dieser neuen Leiblichkeit die rechte Beziehung zu finden.

Dies kann für den unbefangenen Leser des Evangeliums selbst eine Hilfe sein, sich dem Verständnis der Substanz der Auferstehung zu nähern. Denn es handelt sich nicht um ein Aufstehen aus dem Grabe, um ein Wiederaufleben eines schon verstorben gewesenen Leibes, sondern um *Auferstehung*. Der Leib, der als irdischer Leib im Grabe lag, war *verwandelt* worden – transsubstantiiert – und erschien jetzt als Geistgestalt wie ein überirdisches Abbild des bisherigen Körpers.

Eine zweite Hilfe zum Verstehen dieser neuen Leiblichkeit, die es *so* nie zuvor und nie seitdem auf Erden gegeben hat, ist in dem Hinweis des Johannes gegeben: »Am Abend aber desselben ersten Tages der Woche« – des Ostersonntages –, »da die Jünger versammelt waren und die Türen verschlossen waren aus Furcht vor den Juden, kam Jesus und trat mitten unter sie und sprach: Friede sei mit euch« (Joh. 20,19).

Wer sich bislang von der Vorstellung eines irdischen Leibes nicht lösen konnte, wird hier dazu gezwungen. Denn ein irdischer Leib kann nicht in die Mitte eines Raumes treten, wenn die Türen verschlossen sind. Der Auferstandene trat in die Mitte des Jüngerkreises, ohne daß ihm die Türen geöffnet zu werden brauchten.

Und weiter: Matthäus erzählt, wie die elf Jünger sich auf einem Berge versammelten: »Da schauten sie ihn« – den Auferstandenen – »und fielen vor ihm nieder« – und der Evangelist fügt hinzu: »aber einige zweifelten« (Matth. 28,17).

An einem Menschen, der mit seinem irdischen Leibe in die Mitte eines Schülerkreises tritt, kann man nicht zweifeln. Seine Tatsächlichkeit ist durch die Sinneswahrnehmung erwiesen. »Und einige zweifelten« – kann hier nur bedeuten, daß zur Wahrnehmung des Auferstandenen mehr als der natürliche Augensinn benötigt wurde.

Indem wir ernst nehmen, daß der Leib des Auferstandenen im üblichen Sinne nicht berührt werden darf, daß er bei verschlossenen Türen einzutreten vermag und in seiner Existenz bezweifelt werden kann, sind wir im Nachvollzug der damaligen Ereignisse gezwungen, die üblichen Sinnesschranken für uns selbst zu überwinden und uns in ein Zwischenreich zu wagen, das auf der Grenze zwischen Sinnlichem und Übersinnlichem, Greifbarem und Ungreifbarem zu suchen ist.

Wer alle Begegnungen kennt, welche nach den Evangelien die Frauen und Jünger gehabt haben, wird entgegenhalten, daß doch an zwei Stellen gerade auf die konkrete Diesseitigkeit des Auferstandenen verwiesen wird. Lukas berichtet, wie dieser unerwartet in die Mitte des Jüngerkreises tritt. Sie hören seinen Gruß: »Friede sei mit euch« – doch sie erschrecken und sind voller Furcht: »denn sie meinten, sie schauten einen Geist«. Wie ein Vorwurf muß es erscheinen, wenn er darauf zu ihnen spricht: »Was seid ihr so erschrocken, und wie kommen solche Ungedanken (διαλογισμοὶ) in euer Herz?« Und nun zeigt er ihnen Hände und Füße und fügt hinzu: »Ich bin es selbst (Ἐγώ εἰμι αὐτός), denn ein Geist trägt nicht Fleisch und Knochen an sich, wie ihr es an mir schaut« (Luk. 24,39).

Die Alternative lautet nicht: Geist *oder* irdischer Leib. Das absolut Neue des Auferstehungsleibes beruht auf der Tatsache, daß der todüberwindende Geist des Gottessohnes den irdischen Leib des Jesus von Nazareth, der ihm von der Taufe bis zur Kreuzigung als tragender Körper gedient hatte, in der Zeit vom Karfreitag nachmittag bis zum Ostermorgen in sein eigenes Wesen verwandelt hatte und nun als leibgeformte Geistgestalt den Jüngern erschien.

Alle Auferstehungsberichte verlangen, den Auferstehungsleib als einen *verwandelten* Erdenleib vorzustellen, von dem selber Verwandlungskraft ausgeht. Die Zumutung an die Erkenntnisbemühung ist ungewöhnlich. Weder darf der Auferstehungsleib physisch-materiell noch rein geistig vorgestellt und gedacht werden. Der in ihrer Zuneigung zu ihrem »Herren« noch hemmungslosen Maria Magdalena mußte das »Rühre mich nicht an!« zugerufen werden. Umgekehrt erhält der Zweifler Thomas, der ausdrücklich betont: »Es sei denn, daß ich in seinen Händen die Nägelmale sehe und mit meinem Finger die Nägelmale ertaste und meine Hand in seine Seite lege«, die Aufforderung: »Komm, rühre mich an« (Joh. 20,26–29). Thomas durfte tun, was der Maria Magdalena versagt war. Er darf berühren – tasten.

Als letztes sei an die beiden Jünger erinnert, die sich auf dem Wege nach Emmaus befanden. Während sie, aufgewühlt von den Ereignissen der letzten Tage, miteinander im Gespräch versunken waren, »da nahte Jesus sich ihnen und begleitete sie. Aber ihre Augen wurden gehalten, so daß sie ihn nicht erkannten« (Luk. 24,13–35). Unerkannt hilft er ihnen, die Erkenntnisrätsel zu lösen, die ihnen durch Golgatha und die Botschaft vom leeren Grabe aufgegeben waren. Doch als sie zu Tische saßen, er das Brot nahm, dankte, es brach und ihnen gab – als sich für sie die heilige Stunde des Abendmahles vom Gründonnerstag wie von selbst wiederholte, »Da wurden ihre Augen geöffnet und sie erkannten ihn« – und im gleichen Moment »verschwand er vor ihnen«, entglitt er ihren Augen. Im Rückblick auf den gemeinsamen Pfad sprachen sie zueinander: »Brannte nicht unser Herz in uns, da er auf dem Wege mit uns redete, da er uns die Schrift eröffnete?«

Und was war der Sinn der geistigen Augenöffnung? Daß sie das Ereignis von Golgatha in seiner wahren Bedeutung verstehen lernen sollten: »Mußte nicht der Christus solches erleiden, um in sein Offenbarungsreich eintreten zu können?«

Alle diese Berichte von Begegnungen mit dem Auferstandenen vermögen bei rechter Einfühlung und behutsamem Mitdenken auch für den heutigen Menschen Hilfe zu leisten, sich tastend erkennend der spirituellen Schicht zu nahen, wo auch in der Gegenwart der Sieger über den Tod erlebt und erfahren werden kann. Der Auferstehungsleib Christi ist weder rein geistig in jener Sphäre, wo auch vor Christus die Verstorbenen lebten, noch im physisch-materiellen Bereich der reinen Sinneswahrnehmung zu finden. Darum spricht Rudolf Steiner von dem »Phantom«[9], das weder mit einem physischen noch mit einem geistigen Lebensleib identisch ist, sondern – wir wiederholen – eine göttliche Substanz ist, die aus der

Verwandlung des Toten in neues Leben hervorging. Sie ist der Grundstein für eine neue Erde, eine neue Menschheit, eine neue Welt. Ihr Wesen ist nicht von dieser Welt, und doch ist sie aus der *Verwandlung* dieser Welt hervorgegangen. Sucht man nach einem Namen für ihr Wesen, so bietet sich nur an: die Liebe Gottes. Darauf weist Johannes hin: »Also hat Gott die Welt geliebt, daß er seinen eingeborenen Sohn gab, auf daß alle, die an ihn glauben« d. h. die Wesensverbindung mit ihm finden, »nicht verloren werden, sondern das Leben der Ewigkeit erwerben« (Joh. 3,16). Jenes Leben, das stärker ist als der Tod, das allen Verfall und alle Verwesung überdauert. In der selbstlosen Bruder-Liebe tritt es als Kraft des göttlichen Jenseits im Diesseits in Erscheinung und hat das Ziel, die in den Tod gefallene Schöpfung zum Vater, dem schöpferischen Urgrunde, zurückzuführen. Das Christentum der Menschheit sucht dieser himmlisch-irdischen Planung zu dienen. Die Mission der »Bruder-Liebe« zu allem, was ist, gilt der Verwandlung der Erde, des einstigen Planeten des Todes, in den Planeten der Liebe. Auf Golgatha wurde der Keim zu diesem Weltprozeß gelegt.

Die Himmelfahrt

Karfreitag und Ostern sind die beiden ersten Stufen der Weltenwende. Durch den Sündenfall, durch das Essen vom Baume der Erkenntnis des Guten und des Bösen, geriet die Menschheit in das Todesfeld. Auf Golgatha mußte der Tod das Feld räumen und dem auferstehenden Leben den neuen Weg freigeben.

Durch Tod und Auferstehung Christi trat an die Stelle des Todes der Todbesieger. Aus dem Karfreitag wurde Ostern, und durch die wirksame Kraft des Auferstandenen wurde die Selbstlosigkeit erzeugt. Damit war der Keim zur Überwindung der Asozialität gelegt – die Tötung Abels durch Kain in ihr Gegenteil verwandelt.

Die 40 Tage, welche zwischen dem Ostermorgen und dem Tage der »Himmelfahrt Christi« liegen, geben dem Erkenntnis Suchenden tiefe Rätsel auf. Nicht zufällig ist das Fest der Himmelfahrt heute weitgehend aus der Reihe der »hohen Feste« ausgeschieden. Denn die Glaubenskräfte des Menschen sind nur am Leben zu erhalten, wenn sie auch durch Verstehen aufgehellt werden. Dies geschah dem Himmelfahrtsereignis gegenüber in den letzten Jahrhunderten nicht. Und so verblaßte das Fest der Himmelfahrt Christi zunehmend. Man braucht sich nicht mehr zu wundern, wenn eines Tages der Himmelfahrtstag ganz aus dem bürgerlichen Kalender gestrichen wird.

Daß sich das Osterfest noch einer gewissen Beliebtheit erfreuen kann, hängt mit der gefühlten Verwandtschaft von Frühling und Auferstehung zusammen. Auch wenn das »leere Grab« unverstanden bleibt, das Herz ahnt etwas von dem Sonnengeheimnis Christi. Aber Himmelfahrt? Als 1950 das Lehramt der Römisch-Katholischen Kirche die Himmelfahrt der Maria ex cathedra als Dogma verkündete, verzichtete man offenkundig auf den Versuch, diese Lehre auch dem Denkvermögen der Gläubigen zugänglich zu machen. Man ließ es dabei bewenden, das neue Dogma nach dem alten Glaubenssatz auszusprechen: credo, quia absurdum = ich glaube es, obwohl es absurd – d. h. unsinnig für das Denken – ist. Dementsprechend bestätigte ein Pater die materialistische Auslegung der Himmelfahrt Mariens nachdrücklich durch die Aussage: »Jawohl, mit Kleidern und Schuhen«.

Der Legendenkreis, der sich um den Tod der Maria gebildet hat, gehört mit Recht zu dem wertvollen Gut der frühchristlichen Kirche. Völlig unabhängig von jedem dogmatischen Marienglauben ist doch Wesen und Schicksal der Mutter Jesu zutiefst verehrungswürdig. Als Mutter durfte sie den Leib des Jesus von Nazareth zur Welt bringen, den Knaben in der Kindheit auf seinem Erdenweg begleiten, stand am Karfreitag mit dem »Jünger, den der Herr lieb hatte« unter dem Kreuze, war bei der Grablegung zugegen und erfuhr mit den anderen Frauen und Jüngern den Segen des Auferstandenen. Es wird der Wirklichkeit entsprechen, daß die Apostelgeschichte die Mutter Jesu in das Himmelfahrtsereignis ausdrücklich namentlich einbezieht. Alte Bilder zeigen oft die zwölf Jünger versammelt, in ihrer Mitte die Mutter Jesu. Als die Mutter Jesu starb, waren die Jünger zugegen und erlebten deren Tod als ein erhabenes Ereignis. Sie spürten etwas von dem Glanz und der überirdischen Helligkeit, welche die Geistseele Mariens umgab, als sie nach ihrem einzigartigen Erdenschicksal in die göttliche Welt wieder zurückgekehrt war. Ihr unvergängliches Wesen hatte den Leib verlassen, der beigesetzt wurde. Unweit vom Garten Gethsemane an dem Wege von Jerusalem nach Bethanien wird noch heute dieses Grab Mariens gehütet. Diese Tatsache allein macht deutlich, daß man in frühen christlichen Zeiten weit davon entfernt war, »Mariens Himmelfahrt« physisch-leiblich aufzufassen und parallel zu Christi Himmelfahrt zu denken. In Wahrheit starb Maria den leiblichen Tod.

Allein die Frage bleibt offen, wann Maria vor ihrem Tode nach Jerusalem zurückgekehrt ist. Die glaubwürdige Tradition besagt, daß sie mit dem greisen

Johannes auf dem Berge bei Ephesus längere Zeit gelebt habe. Kehrte sie von dort zurück nach Jerusalem, oder hat man nur ihre Gebeine später in die heilige Stadt überführt? Wir haben keine geschichtlich begründete Antwort. Doch halten wir es für unwahrscheinlich, daß die Grabeskapelle im Kidrontal auf dem Wege nach Bethanien ihren Ursprung nur einer Legende verdanke, der keine physische Tatsache entspricht.

Was aber geschah, als Christus »gen Himmel fuhr«? Offenkundig handelt es sich dabei um ein Ereignis, das gleich Ostern und Pfingsten einmalig war und sich *so* nie zuvor und nie seitdem zugetragen hat. Nur von Ostern her ist Christi Himmelfahrt begreiflich. Insgesamt waren es 40 Tage, an denen der Jüngerkreis und die Frauen die Nähe des Auferstandenen erlebten. Nehmen wir die Berichte der Evangelien als ein Ganzes, so erfahren wir von einer Fülle verschiedenartiger Begegnungen. Maria Magdalena war allein, die Jünger auf dem Wege nach Emmaus zu zweit – dann wieder waren es sieben, die ihm am Strande des Sees Genezareth begegneten (Joh. 21), und mehrfach waren alle Jünger zusammen im Coenaculum auf dem Zionsberg, »da er in ihre Mitte trat«. Stets erlebten sie ihn geist-leiblich, sie belehrend und mit Vertrauen und Frieden erfüllend. Dessen bedurften sie um so mehr, als ihr Versagen am Gründonnerstag und Karfreitag ihnen zunehmend bewußt geworden sein wird. Drei Jahre hatten sie ihn täglich begleiten dürfen und waren von seiner Lehre, seinem Wesen und seiner Kraft durchdrungen und getragen worden. Doch im entscheidenden Augenblick hatten sie in Gethsemane geschlafen, war es zur Verleugnung Petri und zum Verrat des Judas gekommen, und schließlich hatten sie alle ihn bei seiner Gefangennahme verlassen und waren geflohen (Matth. 26,56). Das alles mußte anklagend in ihrer Erinnerung leben und sie mit brennender Scham erfüllen. Nun aber in den 40 Tagen hatten sie erfahren: Wir haben ihn im entscheidenden Augenblick im Stich gelassen, er aber hat uns nicht verlassen und ist uns seit seiner Auferstehung näher denn je. Jesus Christus bekannte sich zu ihnen, nicht nur wie ein Freund zu Freunden, sondern er schenkte ihnen aus der gewonnenen Auferstehungskraft auch Zuversicht und Frieden. Seine Worte an den Jüngerkreis lauten: »Gegeben ist mir alle Vollmacht im Himmel und über die Erde. Darum gehet hin und machet zu Jüngern alle Völker, indem ihr sie taufet auf den Namen des Vaters und des Sohnes und des Heiligen Geistes. Lehret sie alles das zu pflegen, was ich euch aufgetragen habe. Und siehe, ich bin mit euch alle Tage, bis zur Vollendung dieses Erdenäons« (Matth. 28,18–20).

Umfassender und verbindlicher konnte der ursprüngliche Auftrag an die Jünger nicht erneuert werden. Die Jünger fühlten die Realität des »Ich bin mit euch alle Tage« und waren gewillt, ihre Sendung nun in unbeirrbarer Treue auszuführen. Man muß vermuten, daß sie der Meinung waren, ihr Herr und Meister werde in der gleichen Weise in ihrer Mitte sein, wie sie es durch die 40 Tage erlebt hatten.

Da trat das Ereignis ein, welches Lukas in seinem Evangelium so beschreibt: »Und da er sie segnete, schied er von ihnen und fuhr auf gen Himmel« (Luk. 24,51) – und in der Apostelgeschichte: »Und da er solches gesagt hatte, sahen sie, wie er emporgehoben wurde, eine Wolke nahm ihn vor ihren Augen fort.« Er entglitt ihrem Blick – so darf für unser Bewußtsein hinzugefügt werden – es legte sich *wie* eine Wolke vor ihre Augen –, doch sie blickten nicht in die Leere, sondern der Bericht fährt fort: »Und als sie ihm nachschauten, wie er in den Himmel (in die übersinnliche Welt) hinüberging, siehe, zwei Männer in weißen Gewändern standen bei ihnen und sprachen: Ihr galiläischen Männer! Was stehet ihr da und blickt in den Himmel (in die geistige Welt)? Dieser Jesus, welcher von euch in den Himmel (in die geistige Welt) genommen wurde, wird so auf die gleiche Weise wiederkommen, wie ihr jetzt ihn habt gesehen gen Himmel fahren« (Apg. 1,11).

Man wird nicht fehlgehen, wenn man dieses letzte Erlebnis der Jünger als ein Engelerlebnis ansieht, durch das ihnen eine Bewußtseinshilfe und Trost zugleich gegeben wurde. Jedenfalls waren sie nicht verzweifelt in ihrem erneuten Alleingelassensein, sondern blieben im Vertrauen auf die weitere Führung zurück: »Sie aber kehrten wieder gen Jerusalem zurück mit großer Freude. Und sie waren immerwährend im Tempel, priesen und lobten Gott« (Luk. 24,52). In der Apostelgeschichte fügt Lukas hinzu: Die Jünger »waren alle stets miteinander verbunden im Gebet, zugleich vereint mit Maria, der Mutter Jesu, und seinen Brüdern«. Zehn Tage währte diese Zeit der Erwartung auf die Erfüllung der Zusage seiner Rückkehr.

Soweit mag das Himmelfahrtsgeschehen auf der Seite des Jüngerkreises verständlich und in der inneren Anschauung heute nachvollziehbar sein. Was aber geschah in Wirklichkeit auf Seiten Jesu Christi?

Matthäus deutet es an mit den Worten aus Christi Mund: »Mir ist gegeben alle Gewalt im Himmel und über die Erde hin.« Markus fügt den Satz hinzu: »Und der Herr, nachdem er mit ihnen geredet hatte, ward emporgehoben gen Himmel und sitzt zur rechten Hand Gottes.« Dieses letzte: »Sitzend zur rechten Hand Gottes«, ist bekanntlich in das urchristliche Bekenntnis (Credo) übernommen worden. Bis heute folgen nach dem »auferstanden von den Toten« die Sätze:

»aufgefahren gen Himmel«,
»sitzend zur rechten Hand Gottes«,
»von dannen er kommen wird, zu richten die Lebendigen und die Toten«.

Die beiden ersten Sätze beleuchten sich gegenseitig. War der Auferstandene während der ersten 40 Tage

nach Ostern noch in einer gewissen Nähe zu den Stätten seines letzten Erdenwirkens, zu Jerusalem, auf dem Zionsberg und Ölberg und als Herz des Jüngerkreises im Seelenbereich gegenwärtig erlebt worden, so mußte er jetzt diese unmittelbare Nähe aufgeben, um den geistigen Ort einzunehmen, von dem er seine Zukunftsaufgabe erfüllen konnte. Im Bekenntnisgebet der Christengemeinschaft lautet der Satz über die Himmelfahrt Christi: »Er ist seit dieser Zeit der Herr der Himmelskräfte auf Erden.« Doch selbst diese einfache Aussage verlangt vom Gegenwartsmenschen ein ungewöhnliches Erkenntnisbemühen, soll sie sinnerfüllt verstanden werden.
Die Himmelfahrt Christi bedeutet *nicht* eine Entfernung des Gottessohnes von der Erde. Das Gegenteilige geschieht. Was mit Golgatha begonnen hatte, fand mit der Himmelfahrt seine vorläufige Vollendung: die Vereinigung des Gottessohnes mit dem Wesen und Schicksal der ganzen Erde, zugleich als Keimlegung für eine zukünftige neue Erde.
Durch den Fall der Menschheit, so sahen wir, entglitt die Menschheit der göttlichen Führung und verurteilte damit die Erde zum Schauplatz der Absonderung. »Verflucht sei die Erde um deinetwillen.« Der fallende Mensch riß, so sagten wir, die Erde in seinen Sturz herein. Der Brudermord und die Amoralität als Ursache der Sintflut waren die Folgen. Durch den Übergang Christi in das »Herz der Erde« erhielt diese eine neue moralische Führungskraft. Das

ist mit der vom Evangelium angekündigten Allgegenwärtigkeit Christi bis an das Ende der Erde gemeint. Darum das Bild von der »rechten Hand Gottes« und die präzise Formulierung: Er ist »der Herr der Himmelskräfte auf Erden«.

Der Sonnengeist Christus

Bis zum heutigen Tage gibt es ein Wesen, das höchste Vollmacht vom Himmel aus über die Erde hat, und das ist *die Sonne.* Dieses himmlische Zentralgestirn unseres Planetensystems lenkt und leitet *alles* natürliche Geschehen auf Erden. Ob es der Kreislauf des Wassers ist, der durch Meere, Ströme, Flüsse, Seen, durch Regen, Schnee und »Wolkenbruch« weithin das Antlitz der steinigen Erde formt, ob es die Gräser und Sträucher, die Bäume und Wälder, Getreide und Früchte sind, alles, aber auch alles, was Tieren und Menschen das Leben ermöglicht, geschieht primär aus der »Voll-Macht« der Sonne. Vom Morgen bis zum Abend, vom Frühling bis zum Winter ist es die Sonne, die jegliches Geschehen auf Erden in stetem lebendigen Wechsel bestimmt, lenkt und leitet. Die Sonne ist der sichtbare »Herr der Himmelskräfte auf Erden«. Das aber ist die Großtat Gottes, daß er »seinen Sohn« als neuen Lenker auf die Erde sandte. Und dieser Sohn war einst der unsichtbare Geist der sichtbaren Sonne.

Im Grunde hat man zu allen Zeiten gewußt, daß das Christentum ein Sonnen-Mysterium in sich birgt. Doch im Kampf mit den über die ganze Erde einst verteilten heidnischen Sonnenreligionen ist dieses Wissen im Laufe der Zeit völlig verschüttet und zugedeckt worden. Das hat seinen guten Grund. Denn durch die Begründung des Christentums geschah die legitime Ablösung des Zeitalters der Sonnen-, Mond- und Sternen-Anbetung durch die Hinwendung zur Religion der reinen Innerlichkeit. Was aber sucht der Christ auf seinem inneren Pfade zu finden, wenn er sich von allen Mächten der Welt abwendet, die ihm »von außen« entgegentreten? Will er dabei nicht selbst die Welt verlieren, muß er bestrebt sein, den zu finden, der »die Welt im Innersten zusammenhält«.

Männer wie Leonardo da Vinci und Johannes Kepler haben es mit Nachdruck ausgesprochen, daß die Erde zwar ein Glied im Universum ist, aber als solches eine gewisse Selbständigkeit besitzt. Nach ihnen ist die Erde kein totes System, das nach mechanischen, wärmedynamischen Kräften automatisch vom Universum dirigiert wird, sondern einem gewaltigen Tierwesen vergleichbar, das sein eigenes Leben und seine eigene Seele besitzt. Der lebendige, beseelte Erdorganismus nimmt wie schlafend-träumend die Einflüsse von Sonne, Mond und Sternen auf und antwortet auf sie mit den Rhythmen seines Kreislaufes der Wasserbewegungen wie in Ebbe und Flut und den Atmungsprozessen von Tag und Nacht oder den Jahreszeiten.

In diesem Sinne schaut der Mitbegründer der modernen Astronomie, Johannes Kepler, in seinem Buche »Die Zusammenklänge der Welten« (Harmonices mundi)[10] auf die Erde als auf einen relativ selbständigen Organismus, der durchlebt und durchseelt ist, der aber seinen Geist von der Sonne empfängt.

Wie Nikolaus Kopernikus suchte auch Kepler das Zusammenspiel der Erde mit Mond, Sonne und den Planeten mathematisch zu erfassen. Durch die Keplerschen Planetengesetze wurde die Entdeckung des Kopernikus für das Bewußtsein der Menschheit erst wirklich erschlossen. Zusammen beendeten sie die Ptolemäische Ära der Astronomie und führten den Umsturz des mittelalterlichen Weltbildes herbei. Während aber Kopernikus, der katholische Domherr von Frauenburg in Ostpreußen, sein Zahlenwerk von den Sternenumläufen unter Verzicht auf jede astrologische Hinzufügung herausgab und dadurch den sichtbaren Himmel restlos entgötterte, suchte der protestantische Theologe Kepler Geist, Seele und Leben in aller Sichtbarkeit von der Erde bis hinauf zum Tierkreis gleichzeitig mit seinen Berechnungen aufzuzeigen.

Kepler schreibt: »... Wir wollen nun von dem Vorhandensein einer Seele der Erde als von etwas völlig Ausgemachtem sprechen und uns der Erforschung ihrer Beschaffenheit zuwenden. Sie ist gewiß nicht bloß ein leuchtendes Etwas, wie Feuer und Funken. Ihr Feuer stammt aus ihrem Wesen und nicht von der Beleuchtung durch die Sonne, dies deshalb, weil sie die leuchtenden Strahlen der Wandelsterne in irgendeiner Weise selbst empfindet.«

Johannes Kepler konnte sich nicht davon überzeugen, daß die »Harmonien des Weltalls«, so wie sie in der Vorzeit u. a. von den Griechen in ihren Göttern erlebt wurden, subjektive Hirngespinste der Menschheit seien. Mathematisch Berechenbares wie die Umläufe des Planeten Mars stand für Kepler nicht im Widerspruch zur Göttermythe des Ares-Mars-Gottes. Schon gar nicht konnte er sich dazu bekennen, in der Sonne nur eine »leere Kugel«, einen geistlosen Gasball zu sehen. Wenn Kepler das Wesen der Sonne zu schildern versuchte, wurde er hymnisch gestimmt. Gleich dem heiligen Franz von Assisi suchte er in einem Sonnengesang den Lobpreis der Schöpfung zu singen: »Denn obgleich Gott keinen Leib hat und keiner Wohnstätte bedarf, so sendet er dennoch von der Sonne ... mehr Kräfte aus, die die Welt leiten, als von den anderen Weltkugeln.«

»Die Sonne steht doch gewiß in der Mitte der Welt, als ihr Herz, als Quelle des Lichtes und der Wärme, als Ursprung des Lebens und aller Bewegung.«

»Dies alles zwingt mich zu dem Bekenntnis, daß von der Sonne, dem Brennpunkt oder dem Auge der Welt, das Licht nicht nur in die ganze Welt ausstrahlt, wie das Leben und die Wärme aus dem Herzen ...

sondern, daß sich auch alle Ausflüsse der Welt in der Sonne sammeln. Mit dem Rechte des Königs bezieht sie gleichsam die Abgabe: wunderbar liebliche Klänge der Harmonie ... Kurz: es ist in der Sonne das Schloß, der Palast des ganzen Naturreiches, wem immer als Kanzler, Paladin und Minister vom Schöpfer diese Wirkensstätte gegeben und hier ihre Sitze bereitet wurden – seien es Wesen vom Urbeginne der Welt an, seien sie später dahin verwiesen.«

»... in der Sonne aber wohnt die unmittelbare Anschauung, das Geistfeuer, der Nus, die Quelle der Harmonie – wer immer dieser Geist sein mag«.

»O, alle Sinne rufen es aus: Hier wohnen feurige Leiber, die Geister klarer Anschauung bergen – die Sonne ist wohl in Wahrheit nicht die Königin selbst, wohl aber das Königsschloß, in dem das Feuer des Geistes herrscht.«

Damit aber bietet Kepler eine Anschauung an, die wie von selbst den Zugang zum Verstehen des Wesens Christi *vor* seinem Erdenabstieg eröffnet.

Sowenig ein Mensch erst bei seiner Geburt »entsteht«[11], sondern nur dann geistgemäß verstanden wird, wenn man ihn als ein Wesen sieht, das aus einem vorgeburtlichen Dasein kommt und in der Zeit zwischen Empfängnis und Geburt mit einem Leibe umhüllt wurde, sowenig ist das auf Erden erschienene Christuswesen erst mit der Jordantaufe entstanden. Christus war präexistentiell, das ist die Mitteilung des Johannes-Prologs: Christus, das Wort

Gottes, *war vor* seiner Leibwerdung auf Erden »bei Gott«. Vielen mag diese Antwort genügen. Aber es muß nicht geistiger Unbescheidenheit entspringen, wenn auf diese Aussage hin in dem Erkenntnis suchenden Menschen die Frage aufklingt: Wie, in welcher Weise war Christus bei Gott? Was war seine präexistente Aufgabe als Geistesmacht, ehe er auf Erden erschien?
Die Antwort lautet: Christus, das Weltenwort, war durch unendliche Zeiten der *Geist der Sonne.* Dort haben ihn die sogenannten Heiden gesucht, gefunden und verehrt. Von dem göttlichen Ahura Mazdao der Perser über den Horus der Ägypter bis zu Apollo-Helios der Griechen und dem Baldur der Germanen finden wir durch Jahrtausende die gesammelte Frömmigkeit der Menschheit zentral dem Geiste der Sonne verehrend zugewandt –, bis diese verbreitete Sonnenreligion nachweisbar in den letzten Jahrhunderten vor der Zeitwende dahinschwand und einer Stimmung der Götterdämmerung weichen mußte.
In der Neuzeit verdanken wir Rudolf Steiner und seiner Christologie eine klare Einsicht in den mit dem Hinschwinden der Sonne-, Mond- und Sternenreligionen verbundenen geistesgeschichtlichen Prozeß. Christian Morgenstern, der sich selbst als dankbarer Schüler Rudolf Steiners bezeichnet hat und zugleich stets die größte Selbständigkeit des eigenen Erkenntnisstrebens beobachtete, hat in seiner Weise in zwei

Lehrgedichten wesentliche Hilfen gegeben, den »Sonnengeist Christus« und seine Bedeutung für die Zukunft der Erde zu verstehen. Beide Gedichte sind in dem Büchlein »Wir fanden einen Pfad«[12] enthalten.
»Licht ist Liebe ...« so beginnt Morgenstern in bewußtem Gegensatz zur Physik Newtons. Wie alles, was im Bereiche der Sichtbarkeit erscheint, kann man auch das Licht und die Farben analysieren und schließlich auf Zahlenverhältnisse zurückführen. Zum Irrtum führt dieses Verhalten, wenn man glaubt, auf diesem Wege das Wesen der Farben ergründen zu können. Dem galt Goethes Kampf gegen Newton. Gleich Morgenstern wollte Goethe auf dem Felde der Farbenlehre nicht als Dichter genommen sein, sondern er betonte nachdrücklich, daß er seine Beiträge zur Farbenlehre als Forschungsergebnisse gewertet wissen wollte. So schrieb er: »Auf alles, was ich als Poet geleistet habe, bilde ich mir gar nichts ein. Aber daß ich in der schwierigen Wissenschaft der Farbenlehre der Einzige bin, der das Rechte weiß, darauf tue ich mir etwas zu Gute, und das gibt mir das Bewußtsein der Superiorität über viele.« In diesem Sinne schrieb Goethe auch den klassischen Satz: »Die Farben sind Taten des Lichts, Taten und Leiden.«
Christian Morgenstern hatte den Mut, das Wesen der Sonne als kosmische Liebe zu bezeichnen:

»Licht ist Liebe ... Sonnen-Weben
Liebes-Strahlung einer Welt
schöpferischer Wesenheiten –

die durch unerhörte Zeiten
uns an ihrem Herzen hält, ...«

Einfacher, klarer, aber auch wirklichkeitsgemäßer läßt sich das Verhältnis von Sonne, Erde und Menschheit nicht aussprechen. Und nun nimmt Morgenstern die Wende zum Geiste der Sonne und dem Verlassen dessen ursprünglicher Wirkensstätte, um das Schicksal der Erde einem neuen Ziele zuzuführen:

»und die uns zuletzt gegeben

ihren höchsten Geist in eines
Menschen Hülle während dreier
Jahre: da Er kam in Seines

Vaters Erbteil – nun der Erde
innerlichstes Himmelsfeuer:
daß auch sie einst Sonne werde.«

Man übertreibt nicht, wenn man in diesen wenigen Verszeilen Morgensterns die genialste Wiedergabe des gemeinsamen Schicksals sieht, das Sonne und Erde, Christus und die Menschheit durch Äonen der Vergangenheit bis in unendliche Zukunftszeiten verbindet.

Morgenstern ist daran gelegen, daß seine dichterischen Aussagen nicht einfach als Geistesoffenbarungen nur gläubig aufgenommen werden, sondern daß sie zugleich Hilfen zu eigenem Weltverständnis werden können. So fügt er dem »Licht ist Liebe« den zweiten Sonnenhymnus hinzu, der eine Aufforderung zu eigenem Bemühen um Erlebnisnähe des göttlichen Weltprozesses zwischen Sonne und Erde ist.

»Faß es, was sich dir enthüllt!
Ahne dich hinan zur Sonne!
Ahne, welche Schöpfer-Wonne
jedes Wesen dort erfüllt!

Klimm empor dann dieser Geister
Stufen bis zur höchsten Schar!
Und dann endlich nimm Ihn wahr:
Aller dieser Geister Meister!

Und dann komm mit Ihm herab!
Unter Menschen und Dämonen
komm mit Ihm, den Leib bewohnen,
den ein Mensch ihm fromm ergab.

Faßt ein Herz des Opfers Größe?
Mißt ein Geist dies Opfer ganz? –
Wie ein Gott des Himmels Glanz
tauscht um Menschennot und -blöße!«

Die Schlußfrage ist nicht rhetorisch gestellt. Sie entstammt dem Todesernst, der jeden ergreift, wenn er die Opfergesinnung Christi ahnend zu verstehen sucht, die den Sohnesgott aus höchsten Sonnenhöhen,

wo weder das Böse noch der Tod waltet, veranlaßte, in Freiheit Erd- und Menschenschicksal auf sich zu nehmen.
Aus dieser Sicht wird neues Verständnis für die Kennzeichnung des Wesens Christi durch Johannes den Täufer geweckt: »Siehe, das ist das Lamm Gottes, welches der Welt Sünde trägt.« Christus das Opferlamm der Welt – des Kosmos –, das sich selbst in Freiheit zum Opfer gebracht hat. Aus geistigen Sonnenhöhen verläßt er seinen »Wohnsitz«, erbarmt sich der in die Erdenschwere versunkenen Menschheit, um ihr die Kraft zu geben – trotz aller Sündenlast –, aus der Tiefe den Wiederaufstieg zu ermöglichen. Dies ist das größte Liebesopfer, das je in der Welt vollbracht wurde. Von keinem der zahlreichen Götter der vorchristlichen Religionen wird auch nur Vergleichbares berichtet. Auch wenn sie vorübergehend an den Schicksalen der Menschheit teilnahmen, sie blieben Götter und kehrten zu ihrem himmlischen Wohnsitz zurück. Der Sonnengeist Christus nahm in dem Erdenmenschen Jesus von Nazareth, wie das alte Kirchenlied singt, »Knechtsgestalt« an – wurde »einer von uns«. So wurde verhindert, daß zwischen den Göttern und Menschen, zwischen Himmel und Erde, zwischen dem Guten und dem Bösen ein permanenter Abgrund entstand, über den keine Brücken führten. Statt dessen drang das Licht in die Finsternis, die Sonne in die Erde, das Gute in das Reich des Bösen. Die Wandlung des Fallenden in den Aufstieg,

die Verwandlung des Finsteren durch das Licht und des Bösen durch das Gute konnte beginnen.

Das alles verbirgt sich hinter den Sätzen des johanneischen Prologes, daß der Logos Fleisch wurde und unter uns wohnte. Nur so vermochte die göttliche Erlösungstat ihren Anfang zu nehmen, durch die die Erde und Menschheit wieder in die Gottheit geborgen, die Schöpfung zu ihrem Ursprung zurückgeführt werden kann.

Das Sonnengeheimnis Christi wird auch von den Evangelisten unmißverständlich ausgesprochen: so in der Verklärungsgeschichte.

Als die drei Jünger Petrus, Jakobus und Johannes auf dem Tabor-Berg ihren Herrn und Meister für kurze Augenblicke übersinnlich wahrnehmen durften, erschien er ihnen »leuchtend wie die Sonne« (s. Seite 59 ff.). Sein ganzes Wesen erstrahlte in einem überirdischen Lichtesglanz, seine Gewänder waren »leuchtend weiß wie aus Licht« – »hellglänzend weiß wie der Schnee, daß kein Färber auf Erden sie so weiß machen kann« (Mark. 9,3).

Ist man einmal auf solche Hinweise aufmerksam geworden, erstaunt man darüber, wie so wesentliche Aussagen des Neuen Testamentes über die kosmische Bedeutung Christi in Vergessenheit geraten konnten oder zu nur symbolhaften Bildern verharmlost wurden.

So finden wir im zwölften Kapitel des Matthäus-Evangeliums eine Stelle, an der Jesus im Streitge-

spräch mit Schriftgelehrten und Pharisäern, die ein Zeichen als Ausweis seiner Vollmacht fordern, ihnen zur Antwort gibt: »Dieses böse und verwilderte Geschlecht verlangt nach Zeichen.« Gemeint sind sichtbare »Beweise« für die Wirklichkeit des Geistes. »Es wird ihm kein anderes Zeichen gegeben werden als das Zeichen des Propheten Jona. Denn so wie Jona drei Tage und drei Nächte im Bauch des Meerungeheuers war, so wird auch der Sohn des Menschen drei Tage und drei Nächte im *Herzen der Erde* sein« (in corde terrae). Es ist die erste Vorschau auf Golgatha, in der nicht einfach von Tod und Auferstehung die Rede ist, sondern von der Innewohnung Christi *im Herzen der Erde.* Es ist dies der gleiche Weltkörper, der im Augenblicke des Todes auf Golgatha erbebt und für den mit seiner »Himmelfahrt« der Sohn Gottes, der Sonnen-Sohn, die Verantwortung für alle Zukunft übernimmt.
Zeugen für diesen kosmischen Aspekt sind insbesondere Paulus und Johannes.
Der Weg des Paulus zum nachtodlichen Jünger Christi ist bekanntlich ein absolut individueller, sehr verschieden von dem der anderen Jünger. Für Lukas ist die »Bekehrung« des Paulus so wesentlich, daß er den Vorgang, wie aus einem Feind und Verfolger ein treuester Anhänger und Verkünder des Auferstandenen wurde, dreimal in seiner Apostelgeschichte berichtet: im neunten, zweiundzwanzigsten und sechsundzwanzigsten Kapitel.

An allen drei Textstellen wird das Ereignis vor Damaskus als ein Licht-Erlebnis des Paulus geschildert: Im 9. Kapitel: »Und da er auf dem Wege war und nahe bei Damaskus kam, umleuchtete ihn plötzlich ein Licht vom Himmel« (lux de coelo).
Im 22. Kapitel spricht Paulus mit seinen eigenen Worten: »Es geschah aber, als ich auf dem Weg war und nahe an Damaskus herankam, umblitzte mich in der Mittagsstunde plötzlich ein starkes Licht aus dem Himmel.«
Und schließlich im 26. Kapitel berichtet Paulus dem König Agrippa: »Und da schaute ich mitten am Tage auf dem Wege, o König, vom Himmel her ein Licht mich und meine Begleiter umstrahlen, das heller war als der Strahlenglanz der Sonne (Helios) selbst.«
Über das »ein Licht vom Himmel« und »umblitzt von einem starken Licht« steigern sich die Berichte bis zu dem »heller als der Strahlenglanz der Sonne selbst«.
Bedarf es einer weiteren Begründung für die Erkenntnis: Christus, der Sohn Gottes, war ein leuchtendes Sonnenwesen? Als solches wurde er von dem auserwählten Verkünder des Urchristentums, Paulus, erlebt und bezeugt.
Im gleichen Sinne beschreibt der Apokalyptiker Johannes seine Christus-Vision. Gewaltig ertönt ihm eine Stimme mit Posaunenstärke: »Ich bin das Alpha und das Omega, der Erste und der Letzte ...« Jo-

hannes wendet sich im Geiste um, auf daß er den schaut, dessen Stimme er hört: »Und als ich mich wandte, da sah ich sieben goldene Leuchter und mitten unter den Leuchtern eine Gestalt eines Menschensohnes ... und sein Antlitz leuchtete, wie die Sonne leuchtet in ihrer ganzen Kraft.«

Wieder ist das Erlebnis wie bei den Jüngern auf dem Tabor-Berg, bei Paulus vor Damaskus, so auch bei Johannes: *»wie die Sonne«* (ὡς ὁ ἥλιος – sicut sol). Nimmt man diese Mitteilungen des Neuen Testamentes zusammen, so geben sie in aller Klarheit die Feststellung: Wer Christus den Auferstandenen erlebt, begegnet einem Wesen, dessen Substanz als geistige, leuchtende Sonnenkraft erfahren wird. Man beginnt zu verstehen, daß beim Tode Christi »die Sonne ihren Schein verlor«, und ahnt die Wahrheit der Aussage Rudolf Steiners, daß im gleichen Augenblick die Erde übersinnlich zu leuchten begann. Der Sonnengeist Christi hat sich durch Golgatha für alle Zukunft mit dem Erdplaneten verbunden. Bisher lautete das Kennwort für die Erde: Planet des Todes. Seit Golgatha ist ihr zukunftverheißender Name: »Planet der Liebe«. Mit anderen Worten: durch den Sündenfall zog der Tod in alles Erdgeschehen ein und hatte als Regent das letzte Wort für alles, was auf Erden Leben zeigt. Seit Golgatha ist ihm dieser Rang genommen. Wohl gilt auch weiter der physische Tod als Ende für alle lebende Kreatur. Aber das letzte Wort ist ihm genommen. Wer fürderhin die Verbindung mit dem Sonnensohn findet, hat Anteil an der sich im Keime bildenden neuen Erde, dem Planeten der Liebe, der sich strahlend erheben wird aus dem abfallenden Leichnam eines verwesenden Weltkörpers. Das ist der kosmische Aspekt des Christentums. Ihm gelten die von Matthäus, Markus und Lukas aufgezeichneten Worte Jesu Christi über die »letzten Dinge«: »Himmel und Erde werden vergehen, aber meine Worte werden nicht vergehen«, nachdem zuvor schon Zeichen – Zukunftssignale – an Sonne, Mond und Sternen im Sinne des Unterganges sichtbar geworden sind.

Die Apokalypse, die Offenbarung des Johannes, ist die abschließende Urkunde des ganzen Neuen Testamentes, welche die notwendigen Stationen des Unterganges des bisherigen Kosmos von Erde, Sonne und Sternen voraussagt und zugleich die Entstehung einer neuen, aus der alten sich erhebenden Welt prophezeit.

So lesen wir im 6. Kapitel, daß »die Sonne schwarz wird wie ein härenes Trauergewand, und der volle Mond blutrot und die Sterne auf die Erde fallen ...« Gleichzeitig werden alle Erdenmenschen von lähmender Furcht und Angst ergriffen. Sie suchen sich hilflos in den Schluchten und Felsklüften der Erde zu verbergen. »Der große Tag des göttlichen Weltenzornes nimmt seinen Anfang, wer könnte vor ihm bestehen?«

Weitere Verfinsterungen der äußeren Sonne werden

folgen (Offenb. 8,12; 9,2; 16,8), bis eines Tages unser ganzes Planetensystem zugrunde gehen wird. Dann aber erhebt sich aus dem Untergang die neue Schöpfung, deren Herz und Haupt der Auferstandene in seiner lauteren Sonnenkraft ist: »Und ich schaute einen neuen Himmel und eine neue Erde; denn der erste Himmel und die erste Erde waren vergangen.« Anschließend sieht der Seher im Bilde des »neuen Jerusalems« die zukünftige Welt, die sich der alten Schöpfung entrungen hat. Von ihr heißt es: »Es wird keinen Tod mehr geben, keine Trauer, kein Klagerufen und keine drückende Last.« Aber auch keinen Tempel und keine Sonne! Beide sind nicht mehr notwendig. Denn das göttliche Leben, das in Tempeln und Kirchen gesucht und erfleht wurde, ist jetzt die Substanz der neuen Welt selbst geworden. »Der Herr, der göttliche Sohn, der Lenker des Alls ist selber der Tempel in Gemeinsamkeit mit dem Lamm.« Darum bedarf die neue Welt auch keiner Sonne, keines Mondes, um erleuchtet zu werden. »Das göttliche Geisteslicht selbst erleuchtet sie, und das Lamm ist ihr Leuchter. Mit diesem Licht erhellt sie den Weg der Völker, und die Führer (Könige) der Erde opfern ihr ihren Glanz.« Damit ist erreicht, was mit dem Abstieg zur Erde durch den Sonnengeist angestrebt wurde, was mit der Jordantaufe seinen diesseitigen Anfang nahm und durch Golgatha fest im Erdgeschehen verankert wurde: daß auch sie – die Erde – »einst Sonne werde«.

In diesem Sinne ist der Schicksalsweg der Erde untrennbar mit dem der Menschheit verbunden. Für beide gilt, daß sie aus dem Zustand des Beleuchtetseins zu dem des Selbst-Leuchtenden und ihren Umkreis Erhellenden voranschreiten. Die Entscheidung hierfür ist in das Innere des Menschen, jedes einzelnen Menschen, gelegt. Er hat die Freiheit, weiter in geistiger Finsternis zu verweilen und damit auch seine Umwelt zu verdunkeln oder sich selbst als Sohn des Lichtes zu wollen und so die Erde mit aufhellen zu helfen, damit einst Mensch und Erde im Weltall in Liebe leuchten.

Christus der Weltenrichter

Mit dem lapidaren Satz des alten christlichen Glaubensbekenntnisses »von dannen Er kommen wird zu richten die Lebendigen und die Toten« ist ausgesprochen, was mit dem »zur rechten Hand Gottes sitzend« gemeint ist:
Im Auftrage des Vaters übernimmt der Sohn die Lenkung der Geschicke der Menschheit und ist damit zugleich der Verantwortliche für den Fortgang der Erde und der Richter über Gut und Böse. Was durch den Sündenfall, den Sturz des Menschen in die Tiefe von Tod und Materie bewirkt wurde, muß Stufe für Stufe durch Christi Kraft wieder überwunden werden. Während aber die Versuchung Luzifers die Urmenschen in einem schlafend-träumenden Zustand überwältigte, und seitdem Mensch und Erde gemeinsam dem Abgrund entgegentreiben, wird die Wendung zum Guten nur durch eine vollbewußte, erwachte Menschheit herbeigeführt werden können. Doch die letzte Beurteilung dieser moralischen Wendung ist nicht Sache des Menschen, sondern geschieht durch den Auferstandenen selbst.

Die Keimlegung für den Heilungsprozeß, durch welchen die ersten vier Stufen des Falles wieder überwunden werden sollten, geschah durch Golgatha, durch Karfreitag und Ostern. Aus der Verbindung mit der Heilstat Christi vermag die Menschheit die Wiedergutmachung zu vollziehen. Dazu mußte das geschehen, was sich mit Christi Himmelfahrt zutrug. Denn diese »Fahrt gen Himmel«, so sahen wir, bedeutet nicht, daß Christus die Erde verließ, sondern daß er »zum Herren der Himmelskräfte auf Erden« wurde. Fortan ist er für alle Menschen erreichbar, für *jeden,* welcher Rasse, welchem Volke oder Stande er auch angehören mag. »Erhöht« zum Himmel und doch gleichzeitig gegenwärtig auf der Erde für jeden, der Ihn sucht, sei es »in der stillen Kammer« auf dem Wege des Gebetes und der Meditation, sei es, daß »zwei oder drei versammelt sind in seinem Namen«.

Doch damit ist das »von dannen Er kommen wird zu richten die Lebendigen und die Toten« noch nicht erfaßt. Denn dieser apokalyptische Satz bezieht sich auf die Zukunft von Welt, Erde und Mensch. Er spricht aus, was seit urchristlichen Zeiten mit dem Worte Eschatologie, der Lehre von den letzten Dingen, verbunden ist.

Abgesehen von der Apokalypse des Johannes, dem zentralen Werk christlicher Eschatologie, bringen die Synoptiker Matthäus, Markus und Lukas jeder in seiner Art ein eschatologisches Kapitel (auch die klei-

nen Apokalypsen genannt), in dem *die Mission Christi als des Welt- und Totenrichters* beschrieben wird. Grundlegend wird vor allem von Matthäus das zukünftige Weltgericht behandelt. Nachdem schon zuvor das Thema der Scheidung der Geister mehrfach angeklungen ist, wird es vom 21. Kapitel ab im Kampfgespräch mit den Hohenpriestern und Ältesten durch die Gleichnisse von den zwei Söhnen des Weinbergbesitzers und von den ungetreuen Arbeitern im Weinberg zum Hauptthema erhoben. Das 22. Kapitel beginnt dann mit dem Gleichnis von der königlichen Hochzeit. Es endet mit der unerbittlichen Verurteilung des Mannes, der ohne ein Hochzeitsgewand zu tragen, am königlichen Mahle teilnehmen wollte: »Bindet ihn an Händen und Füßen und werfet ihn hinaus in die Finsternis, wo die Menschen klagend und zähneknirschend leben. Denn an viele ergeht der Ruf, doch nur wenige sind auserwählt.«
Das Urteil erfolgt nicht willkürlich, sondern auf Grund des Verhaltens des Verurteilten. Er hatte die Voraussetzung, welche zur Teilnahme an dem Mahle des Königs berechtigt, nicht erfüllt.
Dann folgen im 23. Kapitel die acht »Wehe-Rufe«, welche eine einzige Verurteilung der Welt der Schriftgelehrten und Pharisäer zum Inhalt haben. Unmißverständlich wird den Repräsentanten der damaligen Kultur Israels zugerufen, daß ihre Welt vor den Augen des göttlichen Richters keinen Bestand hat und dem Untergang geweiht ist.

Das 24. Kapitel enthält die eigentliche Eschatologie, die Sicht auf das Ende. Angesichts des großartigen Bauwerkes des Tempels spricht Jesus: »Es wird nicht ein Stein auf dem anderen bleiben, alles wird der Zerstörung anheimfallen.« Die Jünger müssen geahnt haben, daß diese Voraussage sich keineswegs nur auf den Tempel bezieht, sondern auch auf die Zukunft der Welt. Darum fragen sie, als sie sich auf dem Ölberg im Kreis um ihren Meister niedergelassen haben: »Sage uns, wann wird das geschehen? Und an welchem Zeichen sollen wir deine Zukunft und das Ende der Welt erkennen?« Nun nennt Jesus ihnen alle Symptome des endgültigen Niederganges des bestehenden Äons:

Viele werden für sich in Anspruch nehmen, selbst der Messias, der Christus zu sein, und Massenbewegungen hervorrufen, durch welche Menschen in die Irre geleitet werden. Darum sollen die Jünger wach sein, um diese Verführungsversuche zu durchschauen. Doch ist das Auftreten von solchen falschen Propheten nur ein erstes Anzeichen für den beginnenden Untergang der Erdkultur. Kriege werden ausbrechen und soziale Unruhen, Naturkatastrophen in Form von Erdbeben folgen, Seuchen sich ausbreiten und Hungersnöte. Doch bedeuten diese Ereignisse noch nicht das Ende selbst, sondern sind Zeichen für den Anfang des Endes. Die Menschen, welche das alles erleben werden, müssen sich mit der Einsicht durchdringen, daß die Schreckensereignisse notwendige Vorboten des Unterganges sind. Sie werden durch Gelassenheit, Tragekraft und vor allem durch geistigen Mut sich in den Stand versetzen müssen, die Katastrophe durchzustehen, ohne in Panik zu geraten. Denn sie sind getragen von dem Wissen, daß dies alles nur der Beginn, die Geburtswehen der kommenden Welt sind.

Die Amoralität unter den Menschen wird zunehmen, gegenseitiges Intrigenspiel und Verrat werden die sozialen Verhältnisse untergraben. Lügengeister in der Gestalt von falschen Propheten werden Zulauf haben. In vielen wird infolge dieses sittlichen Chaos die Fähigkeit zu selbstloser Liebe schwinden. Jetzt wird sich zeigen müssen, wer wirklich im Geiste verwurzelt ist. Solche Menschen werden das Heil finden, die anderen dem Untergang verfallen. Denn nun werden die Endereignisse einsetzen. Die Nöte werden unvorstellbar groß sein – so bedrückend wie nie zuvor seit dem Anbeginn der Welt.

Die Wendung geschieht wie durch ein Blitz-artiges Ereignis, »wie ein Blitz, der vom Orient bis zum Occident über die Welt hin flammt«. Und schließlich bringt Matthäus den Rätselsatz: »Wo aber ein Aas ist, da sammeln sich die Adler« (nach Luther). Das griechische Wort für »Aas« kann ebensogut gefallener Körper wie Leichnam bedeuten. Vor dem inneren Auge entsteht das Bild einer Wüste, wo unten ein Tier verendet und darüber die Könige der Vogelwelt, die Adler, sich in den Lüften sammeln. Denn

nun wird der Übergang zur neuen Welt, die sich über der alten, untergehenden erhebt, gefunden.
Während die sichtbaren Weltkörper: Sonne, Mond und Sterne, ihre Kraft und Strahlenglanz verlieren, erscheint der Auferstandene, der Menschensohn, in der Glorie seiner der alten Welt abgerungenen neuen Kraft, strahlend und leuchtend, den ihm verbundenen Menschen »in den Wolken« einer neuen Welt.
Es folgt die Zusammenfassung des Ganzen: »Der Himmel und die Erde werden vergehen, aber meine Worte (Logoi) werden nicht vergehen.«
Ausdrücklich betont Matthäus, daß Zeitangaben für das Ende der Erde unmöglich sind: Tag und Stunde kennt kein sterblicher Mensch, nicht einmal die Engel kennen sie, sondern allein der Vater. Um so wichtiger ist es für die Menschheit, sich auf die kommenden Ereignisse vorzubereiten und die Fähigkeit zu erbilden, die Untergangssymptome zu erkennen. »Darum seid wach, denn ihr wisset nicht, an welchem Tage euer Herr kommt.«
Das »Kommen des Herren« ist für Matthäus der Augenblick, an dem der Auferstandene die Scharen der die neue Erde aufbauenden Menschen sammelt und zum Ziele führt. Das aber bedingt zugleich die notwendige »Scheidung der Geister«, d. h., die für den Fortgang des neuen Äons Untauglichen müssen ausgeschieden werden.
Dieses apokalyptische Kapitel (Matth. 24) schließt mit einem Gleichnis: Ein Herr verläßt für eine Weile

sein Haus und betraut für diese Zeit einen Diener mit seiner Vertretung. Unerwartet kehrt er zurück. Was wird er vorfinden? Entweder einen treuen Verwalter, der das ihm Aufgetragene selbstlos verwaltet hat und darum die Wiederkehr seines Herren nicht zu fürchten braucht? Oder einen ungetreuen Diener, der seinen Pflichten nicht nachkam und in der Zwischenzeit nach eigener Willkür handelte? Der erste wird gelobt und anerkannt, der zweite mit Schimpf und Schande verstoßen.

Es bedarf keiner ausführlichen Ausdeutung dieses Gleichnisses, es spricht durch sich selber und sagt nichts anderes als das alte Credo: »Von dannen Er kommen wird zu richten die Lebendigen und die Toten.«

Im Bekenntnisgebet der Christengemeinschaft lautet dieser Satz: »Er wird einst sich vereinen zum Weltenfortgang mit denen, die er durch ihr Verhalten dem Tode der Materie entreißen kann.« Das ist die positive christliche Eschatologie in der Sprache unserer Zeit.

Wenn wir noch einmal zu Matthäus zurückkehren, so finden wir, daß er im Gegensatz zu Markus und Lukas noch ein volles Kapitel über die Scheidung der Geister anschließt, ehe er die Ereignisse der Passionswoche schildert. Es ist, als ob er spürte: Die eschatologischen Aussagen aus dem Munde Jesu sind so gewaltig und das Fassungsvermögen des Menschen im allgemeinen übersteigend, daß es noch einer weiteren

Bewußtseinshilfe »für jedermann« bedarf. An dieser Stelle werden die klassischen Gleichnisse »Von den klugen und törichten Jungfrauen« und »Von den anvertrauten Pfunden« gebracht. Zwischen beiden Gleichnissen steht nur der Satz: »So seid denn wach, da ihr Tag und Stunde nicht kennt!«

Beide Gleichnisse sind auf dasselbe Ziel gerichtet: Wer den Anschluß an die neue Welt *»durch sein Verhalten«* nicht findet, ist für den Fortgang der Welt im Sinne der göttlichen Ziele ungeeignet und wird ausgeschlossen. Im Gleichnis von den zehn Jungfrauen: die Tür wird zugeschlagen für alle, die zur Entscheidungszeit nicht anwesend sind. Im Gleichnis von den anvertrauten Pfunden: wer mit dem ihm anvertrauten Gut des leiblich-seelischen Vermögens nicht gearbeitet hat, wird mit unerbittlicher Strenge ausgestoßen.

Wer sein eigenes Wachstum verhindert, bewirkt Stillstand der Entwicklung, und das bedeutet in der Folge unausweichlich Rückschritt. Darum: »Dem, der hat, wird gegeben und er wird die Fülle haben; dem aber, der nicht hat, wird auch das genommen, was er hat. Den unbrauchbaren Knecht werft hinaus in die Finsternis, dorthin, wo Menschen klagend und zähneknirschend leben.«

Beide Gleichnisse sind herb, aber realistisch. Wer »durch sein Verhalten« den Anschluß an den Weltenfortgang verpaßt hat, ist dem Untergang, dem »Tode der Materie« nicht zu entreißen.

Wie sehr der Mensch sich sein Schicksal im Grunde selbst bestimmt, wird von Matthäus gegen Schluß dieses Kapitels auf die einfachste, allgemein verständliche Weise ausgesprochen. Die Scheidung der Menschen wird geschehen, so wie ein Hirte die Lämmer von den Böcken scheidet: die Lämmer auf die rechte, die Böcke auf die linke Seite. So wird Christus der Menschensohn das Weltgericht vollziehen: die Guten zur Rechten, die Bösen zur Linken.
Und was ist der Maßstab, nach dem die moralische Substanz der Menschen gemessen wird? Letztlich ihr soziales Verhalten, ihre Liebesfähigkeit! Denn: »Was ihr« – so spricht Christus der Weltenrichter – »getan habt für einen dieser meiner geringsten Menschenbrüder, das habt ihr für mich getan«, und: »Was ihr zu tun unterlassen habt an einem dieser geringsten Brüder, das habt ihr auch an mir versäumt« (Matth. 25,40 und 45).
Die einen werden teilhaben an dem unsterblichen Leben, dem Leben der Ewigkeit – die anderen in dunkle Bereiche geistloser Existenz verstoßen werden. Das ist die letzte Aussage über die Endzeit aus Jesu Mund nach Matthäus.
Unserem Verstehen noch näher spricht Johannes der Evangelist über das Weltgericht durch Jesus Christus. Zunächst erscheint es wie eine Paradoxie, wenn es heißt: »Denn der Vater richtet niemand; sondern alles Gericht hat er dem Sohn übergeben« (Joh. 5,22). Später aber (Joh. 8,15) spricht Jesus von sich: »Ich

richte niemand.« Äußerlich verstanden sind diese Sätze einander widersprechend: Der Vater hat den Sohn mit der Gerichtsfunktion beauftragt, der Sohn aber sagt, daß er niemand richte.
Der Widerspruch löst sich, wenn man das Wort »Gericht« aus der juristischen Sphäre herausnimmt und im johanneischen Geiste versteht. Denn zuvor ist schon über das göttliche »Richten« Wesentliches gesagt, so im dritten Kapitel: »Denn Gott hat seinen Sohn nicht in die Welt gesandt, auf daß er die Welt richte, sondern daß die Welt durch ihn geheilt werde.« Die zentrale Tat und Aufgabe des Gottessohnes Christus ist nicht das Gericht, sondern die Heilstat der Erlösung der Welt – in der griechischen Sprache steht für Welt stets das Wort Kosmos. Das Gericht, die Scheidung der Geister, ist eine notwendige Konsequenz des göttlichen Heilsplanes. Die Menschen, welche sich mit den göttlichen Zukunftszielen verbinden, bleiben vor einem aburteilenden Gericht bewahrt. »Wer an ihn« – den Auferstandenen – »glaubt, der wird nicht gerichtet; wer aber nicht glaubt, der ist schon gerichtet, denn er glaubt nicht an den Namen des eingeborenen Sohnes Gottes« (Joh. 3,18).
Daß das Wort »Glauben« im heutigen Sprachgebrauch dem Worte »Wissen« gegenüber einen Unsicherheitsfaktor enthält, hat dem ursprünglichen religiösen Sinn erheblich geschadet. Die eigentliche Bedeutung dessen, was im Sinne des Evangeliums Glauben ist, kommt heraus, wenn man mit Emil Bock den

Vers so übersetzt: »Wer sich mit seiner Kraft erfüllt, wird vor keinen Richter gestellt. Wer sich dagegen seiner Kraft verschließt, ist schon gerichtet, weil er keinen Anteil erlangt am Wesen und an der Kraft des aus der Einheit geborenen Sohnes.«

Dann folgt die Enthüllung dessen, was im spirituellen Sinne als das »Gericht Gottes« zu verstehen ist: »Das ist bereits das Weltgericht, daß das Licht in die Welt (Kosmos) gekommen ist, und daß die Menschen die Finsternis mehr liebten als das Licht und mit ihrem Tun dem Bösen dienten. Jeder, der mit seinem Tun dem vergänglichen Wesen dient, wird zum Gegner des Lichtes. Er wendet sich dem Licht nicht zu, damit das wahre Wesen seines Tuns sich nicht enthüllt. Wer aber mit seinem Tun dem wahren Wesen dient, der strebt zum Lichte hin. An seinem Wirken wird leuchtend offenbar, daß es im Geistgebiete volle Wirklichkeit besitzt« (Joh. 3,19–21 – nach Emil Bock).

So übersetzt, bedürfen diese Zeilen kaum eines weiteren Kommentares. Der scheinbare Gegensatz von Erlösung und Selbsterlösung ist aufgehoben. Der Mensch entscheidet, richtet sich selbst durch sein Verhalten zum Erlöser, der die Wahrheit sprach: »Denn ohne mich könnt ihr nichts tun« (Joh. 15,5). Von ihm gilt: *»Er* wird einst sich vereinen zum Weltenfortgang mit denen, die Er durch ihr Verhalten dem Tode der Materie entreißen kann.«

Im Sinne der christlichen Theologie ist dieses »entreißen« ein Gnadenakt. Denn von einem Menschen, der das ihm Entsprechende an Gutem leistet, kann nicht von »Verdienst« die Rede sein. Würde der Mensch nur auf seine eigenen Kräfte angewiesen sein, würde er den übermenschlichen Niedergangsmächten nicht gewachsen sein. So aber fließt ihm – bei rechtem Verhalten – die Substanz der Liebe des Gottessohnes zu, die stärker ist als aller Ungeist, »als der Tod«. Obwohl es entscheidend auf das Verhalten des einzelnen Menschen ankommt, wird sein »Aufstieg« dennoch letztlich durch einen Gnadenakt des Gottessohnes ermöglicht.

Zwei Gefahren dürfen nicht übersehen werden.

Zu leicht nur kann das Hoffen auf Gnade zu einem passiven Verhalten im inneren und äußeren Streben verführen. Insbesondere hat die Theologie Luthers nicht selten zu einem solchen Mißverständnis der Gnade geführt. Luthers starkes Betonen des »ohn all' unser Verdienst und Würdigkeit« und die Ablehnung der guten Taten (Werkgerechtigkeit) als anrechenbare Plusdaten auf dem Schuldkonto des Menschen haben einer solchen quietistischen Seelenhaltung oftmals Vorschub geleistet. Das Mißverständnis der Gnade gipfelt in dem Satz von Otto Dibelius: »Der Mensch ist nichts, Gott ist alles.« Selbstverständlich enthält diese Aussage eine Teilwahrheit. Auch am Weltall gemessen erscheint die Erde wie ein »Staubkorn« und der einzelne Mensch als eine »quantité négligeable«. Doch sollten solche aus einseitiger (physischer) Sicht gewonnenen Einsichten nicht ausgesprochen werden, ohne die ergänzenden Wahrheiten hinzuzufügen.

So muß der Satz von Dibelius ergänzt werden durch die Erkenntnis: Alles kommt auf den Menschen und sein Verhalten an. Findet er nicht den Weg zur Umkehr im Denken und Handeln, ist nicht nur er selbst, sondern die seinen Händen anvertraute Erde dem Untergang verfallen. Kein Gott greift ein, wenn die Menschen aus der Erde einen kosmischen Trümmerhaufen machen. Oder noch einmal ausgesprochen: das Schicksal von Erde und Menschheit ist in die Hände des Menschen gelegt.[13] Durch das »Ereignis von Golgatha«, einen reinen Gnadeakt, ist dem Menschen die Möglichkeit gegeben, seinen Anteil bei der Erlösung der Welt auch durchzuführen.

Die andere Gefahr der christlichen Eschatologie besteht in dem Mißbrauch derselben als Drohmittel. Die Kirche des späteren Mittelalters bis in die Neuzeit hinein war in hohem Maße dieser zweiten Gefahr verfallen. Es spricht zur Angst und Furcht des Gläubigen, nicht zum Mute und freien Willen zum Guten, wenn im Sinne mosaischer Gesetzlichkeit mit den Folgen der bösen Taten des Menschen im Leben nach dem Tode und für alle Ewigkeit gedroht wird. Der erhobene Zeigefinger der Diener der Kirche hat das Christentum weit mehr geschädigt als gefördert. Da das Wissen um die immer wiederholte Rückkehr des Menschen durch erneute Geburten von der frühen Kirche ausgelöscht und als gnostisch-häretische

Ansicht verboten worden war, hing an jeder unguten Tat ein verhängnisvolles letztes Urteil der Verdammnis. Erst die Erkenntnis der Reinkarnation[11] bringt in dieses dunkle Kapitel der christlichen Entwicklung helles Licht. Denn in der Sicht der wiederholten Erdenleben besteht für jeden Menschen die Möglichkeit der Wiedergutmachung des Selbstverschuldeten auf Erden.

Auch die im geistigen Raum sich notwendigerweise erhebende Frage angesichts der Unerbittlichkeit des »Weltgerichtes« am Ende des Erden-Äons beginnt aufhellbar zu werden: Was wird aus den Menschen, die den Anschluß an den Fortgang von Erde und Mensch im Sinne der Eschatologie nicht finden?

Mit aller Vorsicht sei geantwortet: Auch das Wirken der Gnade des Gottessohnes ist gebunden an die Gesetze, denen eine Rücknahme der gefallenen Schöpfung in den Ursprungsbereich der Gottheit unterliegt. Hat der Mensch durch sein Verhalten sich von der Auf-Erstehung einer neuen Welt selbst ausgeschlossen, so muß er »draußen« bleiben. Aber im Sinne der christlichen Substanz allumfassender Liebe ist es undenkbar, daß die göttliche Gnade sich selbst damit eine Grenze gesetzt habe. Die Meinung, daß eine »erlöste« Menschheit die »unerlöste« deren tödlichem Schicksal überläßt, wäre zutiefst unchristlich. Wieder ist es Rudolf Steiner, der hier die allein befriedigende Antwort gibt. Nach ihm wird die fortgeschrittene Menschheit es als wesentliche Aufgabe

erkennen, sich der zurückgebliebenen Menschen helfend und fördernd anzunehmen, um diesen zu einem späteren Zeitpunkt den Anschluß an die fortschreitende Entwicklung zu ermöglichen.
Es ist unchristlich zu denken, daß die »Erlösten« »selig« der Zukunft entgegenziehen werden und sich nicht mehr um die zurückgebliebenen Menschenbrüder kümmern. Novalis hat ein solches zukünftiges Geschehen geahnt, indem er in einem seiner Fragmente sagt: »Wenn Gott Mensch werden konnte, kann er auch Stein, Pflanze, Tier und Element werden, und vielleicht gibt es auf diese Art eine fortwährende Erlösung in der Natur.« In einem anderen Fragment ergänzt er diesen so behutsam ausgesprochenen Gedanken: »Einst soll keine Natur mehr sein. In eine Geisterwelt soll sie allmählich übergehen.« In diesem Sinne mag die »Scheidung der Geister«, die nach der Bibel für einen Teil der Menschheit zur »Verdammnis« führen wird, nicht das letzte Ziel der Evolution von Erde und Menschheit sein, wohl aber eine tiefeinschneidende Epoche in der Zukunft bedeuten, die in ihren Anfängen uns heute schon berührt.

Das Pfingstereignis

Wir sahen: Der Abstieg der Menschheit in das Todesfeld der vergänglichen Welt wurde im Sinne des Alten Testamentes durch den vierfachen Fall eingeleitet:

Sündenfall
Brudermord
Sintflut
Babylonische Sprachverwirrung.

Nicht zufällig entspricht dem im Neuen Testament die Kette der vierfachen Grundereignisse in Palästina im Frühling des Jahres 33:

Karfreitag
Ostern
Himmelfahrt
Pfingsten.

Wie vom Sündenfall an der Tod als Weltmacht in das Leben der Menschheit einzog, wurde am Karfreitag durch den Sieg über den Tod das neue Leben begründet. Und wie der weitere Schicksalsweg der

Urmenschen über den Brudermord und die Erdflutkatastrophe im Niedergang zur allgemeinen Sprachverwirrung führte, so erfuhren die Jünger, durch die Erlebnisse von Ostern und Himmelfahrt geführt, mit Pfingsten den Anbeginn einer wieder aufsteigenden neuen Welt. An diesem Tage fanden sie nach allem, was sie durchlebt und durchlitten hatten, in sich das Vermögen zu *einer* Sprache, die auch von der zersplitterten Menschheit wieder verstanden werden konnte. Die Sprachverwirrung von Babylon wurde in ein Verstehen aller umgewandelt: »Und sie wurden alle voll des Heiligen Geistes und begannen in anderen Sprachen zu reden, so wie es ihnen vom Geiste, der durch sie sprach, eingegeben wurde« (Apg. 2,4 nach Bock).

Es ist nicht leicht, sich als heutiger Mensch in die wirkliche Seelenverfassung des damaligen Jüngerkreises zu versetzen. Entsprechend den drei vorausgehenden Stufen waren sie durch drei Erlebnissphären hindurchgeführt worden. Ihr Versagen am Abend der Gefangennahme Jesu und am Karfreitag durch Schlaf und Verleugnung geschah im Zustande tödlicher Lähmung und Traurigkeit. Ostern ergriff sie zunächst staunendes Fragen, das sich in unsagbare Freude verwandelte. Doch darf ihr Bewußtseinszustand in den 40 Tagen bis Himmelfahrt in nichts mit dem normalen Tagesbewußtsein eines Gegenwartsmenschen gleichgesetzt werden. Indem sie den Auferstandenen in ihrer Mitte erlebten, waren sie wie entrückt.

Darum kann Rudolf Steiner von den Jüngern in der Zeit der 40 Tage von Ostern bis Himmelfahrt sagen: »Wie Nachtwandler hatten sie zugehört«, und von dem Erlebnis am Pfingstmorgen: »Es war wie eine Art Aufwachen aus einem tiefen Schlaf« »und daß es ihnen vorkam, als ob sie eine lange, tagelang dauernde Zeit verlebt hätten wie im Traum, aus dem sie nun mit diesem Pfingstereignis erwachten«. Sucht man das neue Bewußtsein zu verstehen, aus dem die Jünger am Pfingsttage »wie mit Feuerzungen« sprachen, so darf man sich nicht mit den Worten Begeisterung oder Enthusiasmus begnügen, obwohl beide Worte in die Richtung des wahren Ereignisses weisen.

Auch in der Zeit der drei Jahre vermochten die zwölf Jünger bei aller Treue und gläubigen Aufgeschlossenheit für ihren Meister nicht annähernd die Größe und Weltbedeutung dessen zu erfassen, woran sie in unmittelbarer Nähe teilnehmen durften. Jetzt, sieben Wochen nach Golgatha, da kam das große Verstehen über sie. Alles, was sie, die einfachen Fischer vom See Genezareth, in den Jahren von ihrer Berufung bis zum Ereignis der Himmelfahrt erlebt hatten, war mehr oder weniger von »den unterbewußten Kräften ihrer Seele« (Rudolf Steiner) aufgenommen worden. Jetzt, am Pfingstmorgen, ergriff sie die wache Einsicht in alles rückliegende Geschehen mit der Feuergewalt des Geistes. Sie erfuhren erwachend, »wie wenn aus dem Weltall niedergestiegen wäre .. die

Substanz der allwaltenden Liebe« (Rudolf Steiner). Was anschließend im geschichtlichen Christentum die Erleuchtung durch den Heiligen Geist genannt wurde, war ein Vorgang, den erstmalig die Jünger als eine völlig neue Verfassung ihrer Seele erlebten. Auch für ihre Umwelt erschienen sie wie verwandelt. Die Zuhörer begriffen nicht, daß das dieselben Männer waren, die sie doch von früher her kannten. »Sind sie nicht alle Galiläer? Wie kann es sein, daß jeder von uns sie in seiner eigenen Sprache reden hört?«, so beschreibt Lukas die »Bestürzung« der Hörer, und man versteht, daß einige die billige Erklärung gaben: »Sie sind voll süßen Weines«, d. h. betrunken.

Auch hier führen Äußerungen Rudolf Steiners in die Tiefe. Er beschreibt die Verwandlung der Seelenverfassung der Jünger, daß sie als Menschen erschienen, »die alle Engigkeit des Lebens, alle Eigensüchtigkeit des Lebens verloren hatten, die ein unendlich weites Herz, eine umfassende Toleranz im Innern gewonnen hatten, ein tiefes Herzensverständnis für alles, was menschlich auf der Erde ist. Auch konnten sie sich so ausdrücken, daß jeder, der da war, sie verstand. Man empfand gleichsam, daß sie in eines jeden Herz und Seele schauen konnten und aus dem tiefsten Innern heraus Geheimnisse der Seele errieten, so daß sie einen jeden trösten konnten, daß sie dasjenige sagen konnten, was er gerade brauchte.« Dies alles versuchten sie, weil nicht nur ihr eigenes Verständnis jetzt die Erfahrungen der drei Jahre, von

Golgatha, Ostern und Himmelfahrt durchdrungen hatte, sondern weil sie sich ergriffen fühlten von jenem Geist, den Jesus-Christus – nach dem Johannes-Evangelium – ihnen zuvor vorverkündet hatte: dem Geist der Wahrheit, dem heiligen Geist, der sich ihnen als der helfende Tröster, der Paraklet, mitteilen werde. Jetzt erfuhren sie die Erfüllung dieser Vorhersage. Ihr Herz war ergriffen von der Liebeskraft des Auferstandenen, ihr Haupt erleuchtet von dem »Heiligen Geiste«. So vermochten sie den noch im Zustande der Unerleuchtetheit erhaltenen Auftrag zu ergreifen und auszuführen: »Gehet hinaus in alle Welt und machet alle Völker zu Jüngern, indem ihr sie taufet im Namen des Vaters und des Sohnes und des heiligen Geistes und lehret sie alles bewahren, was ich euch aufgetragen habe.« Zugleich hatten sie die Bestätigung des Satzes erfahren: »Denn seht, ich bin bei euch alle Tage bis an das Ende der Welt.«
Mit Ostern war der Tod überwunden und die Kraft der Bruderliebe unausrottbar gewonnen, mit der Himmelfahrt war Christus zum Lenker der Erd- und Menschheitsgeschicke im Sinne des Göttlich-Guten aufgestiegen. Zu Pfingsten wurden Todüberwindung, Bruderliebe und moralische Schicksalsführung zu geistbewußten Zielen einer zu sich selbst erwachten Menschheit.

Schlußwort

Pfingsten haben die Jünger das erlebt, was einst an ihr Ohr gedrungen, aber kaum von ihnen voll verstanden worden war: »Ein Feuer kam ich zu werfen über die Erde hin, und wie wollte ich, daß es schon brenne!« (Luk. 12,49). Mit diesem Ausruf fand aus Jesu Mund die Botschaft des Täufers ihre Bestätigung: »Ich taufe euch mit Wasser zur Sinneswandlung . . ., der nach mir Kommende wird euch mit dem heiligen Geist und mit Feuer taufen« (Matth. 3,11). Nun zu Pfingsten hatten die Jünger die Wirklichkeit der Feuertaufe erfahren. Jetzt waren sie in den Stand gesetzt, selbst Diener der heiligen Geistflammen zu sein und Christi Feuer über die Erde hin auszubreiten.

Der Gebrauch der Worte »Wasser« und »Feuer« im Neuen Testament entstammt einer Welt-Anschauung, für welche die vier Elemente: Erde, Wasser, Luft und Feuer noch Zeichen eines geistig-göttlichen Stufenweges waren. In manchen Mysterienstätten wurde einst gelehrt, wie der heilige Pfad durch die Elemente

zum Geiste führt. So spielte in der hohen Zeit der griechischen Kultur diese Lehre von den vier Elementen und ihrer Überhöhung durch den Äther, die »quinta essentia«, eine bedeutende Rolle. Empedokles nannte die vier Elemente »die Wurzeln der Dinge«. Auch für Pythagoras, Platon und Aristoteles gehörten die vier Elemente zur Grundlage ihres Erd- und Menschenbildes.
Stets wurde die geheime Verwandtschaft der Elemente zu den vier Stufen der Naturreiche gefühlt:

Die Erde entspricht dem Mineralreich
Das Wasser entspricht dem Pflanzenreich
Die Luft entspricht der Tierwelt
Das Feuer entspricht dem Menschen.

Nie wurden diese Entsprechungen nur als äußere Analogien erlebt. Stets war im Bewußtsein, daß die »Erde« ohne die drei anderen Elemente tot ist wie das Gestein. Pflanzen sind ohne das Wasser nicht lebensfähig. Nur wo Feuchte waltet, vermögen Kräuter, Sträucher und Bäume zu gedeihen. Tiere sind Wesen, die sich frei im Raume zu bewegen vermögen. Zunehmend lösen sie sich vom kriechenden Wurm über Salamander, Schlangen und Säugetiere von der Erdgebundenheit – bis sie sich als Adler frei in die Lüfte schwingen. Je höher Tiere entwickelt sind, um so wesentlicher sind sie der Luft-Atmung verbunden. Und schließlich: der Mensch ist unter allen Erdwesen dasjenige, das mit dem Feuer umzugehen und es zu beherrschen vermag. Als Blutwärme trägt er es in seinem Innern, mit Vernunft und Hand vermag er es in seinen Dienst zu stellen. Erst durch den Gebrauch des Feuers für Heim, Herd und Schmiedekunst ist der Mensch, der Prometheus-Nachkomme, auf Erden zum Menschen geworden.

So ahnen wir im Rückblick auf das in diesem Buch Gesagte, daß nicht zufällig durch vier Stufen der Fall der Menschheit in die Materie erfolgte und gleicherweise der Aufstieg sich in den vier Stufen vollzog:

Der Kreuzestod auf Golgatha geschah auf der Erde.

Ostern wurde in der Frühe des Morgens erlebt, als noch der Tau in seinen Wasserperlen die Pflanzen erquickt.

Die Himmelfahrt lenkte den Blick in die Höhe, zum Wolkenbereich der Lüfte.

Und schließlich zu Pfingsten ergriff das heilige Feuer die Jüngerschaft.

Jesus Christus, der als Mensch auferstandene Gottessohn wirkte in und durch alle Daseinsstufen der Erde und legte den Zukunftskeim für die Auferstehung aller Kreatur als der wahre »Herr der Elemente«.

Anmerkungen

1 Vor allem in den Jahren 1906–1914 hielt Rudolf Steiner eine Fülle von Vortragsreihen in Mitteleuropa über christologische Themen. Bei allen notwendig bedingten Wiederholungen geben die Nachschriften dieser Vorträge doch ein reichgegliedertes Ganzes.

Alle vier Evangelien und die Apokalypse des Johannes werden ausführlich behandelt. Wir nennen aus der Fülle des damals Dargebotenen nur:

Über das *Johannes-Evangelium:*
Berlin, Februar-März 1906 – 3 Vorträge
München, Oktober–November 1907 – 8 Vorträge
Basel, November 1907 – 8 Vorträge
Hamburg, Mai 1908 – 12 Vorträge
Oslo, Juli 1908 – 15 Vorträge
Kassel, Juni 1909 – 14 Vorträge
Stockholm, Januar 1910 – 11 Vorträge
Über die *Apokalypse*:
München, Mai 1907 – 4 Vorträge
Nürnberg, Juni 1908 – 12 Vorträge
Oslo, Mai 1909 – 12 Vorträge
Über das *Lukas-Evangelium*:
Basel, September 1909 – 10 Vorträge
Über das *Matthäus-Evangelium*:
Bern, September 1910 – 12 Vorträge

Über das *Markus-Evangelium*:
– von R. Steiner »Exkurse in das Gebiet des Markus-Evangeliums« genannt
Berlin, Oktober 1910 bis Juni 1911 – 10 Vorträge
Basel, September 1912 – 10 Vorträge
Über christologische Themen:
Christus und die menschliche Seele, Norrköping Juli 1914 – 4 Vorträge
Von Jesus zu Christus. Karlsruhe, Oktober 1911 – 10 Vorträge
Das Vortragswerk Rudolf Steiners wird durch die Rudolf Steiner Nachlaßverwaltung, Dornach, seit dem Jahr 1956 in der Rudolf Steiner Gesamtausgabe in einem Umfang von etwa 300 Bänden herausgegeben.

2 Siehe: Rudolf Steiner: Die Geheimnisse der biblischen Schöpfungsgeschichte. Das Sechstagewerk im 1. Buch Moses. Ein Zyklus von 10 Vorträgen und einem einleitenden Vortrag vom 16.–26. August 1910 in München
Weitere Literatur:
Wilhelm Kelber: Die Logoslehre, Stuttgart 1958
Wilhelm Kelber: Der Menschensohn, Stuttgart 1967
Adolf Müller / Arnold Suckau: Werdestufen des christlichen Bekenntnisses, Stuttgart 1974

3 Rudolf Steiner: »Unsere Atlantischen Vorfahren« in »Aus der Akasha-Chronik« Seite 6. Dornach – ursprünglich abgedruckt in »Luzifer-Gnosis« 1904 ff.

4 Max Born: Von der Verantwortung des Naturwissenschaftlers, München 1965

5 Aus: »Menschheit am Wendepunkt« 2. Bericht an den Club of Rome zur Weltlage, Seite 7 und 21, Stuttgart 1974 und auch: Dennis Meadows, Donella Meadows, Erich Zahn, Peter Milling: »Die Grenzen des Wachstums« Bericht des Club of Rome zur Lage der Menschheit, Reinbek b. Hamburg 1973

6 Als Grundlage für die Ausführungen in den Kapiteln »Der

Mensch Jesus von Nazareth« und »Die Taufe im Jordan« dienten die beiden Vortragszyklen Rudolf Steiners:
1. »Von Jesus zu Christus« 10 Vorträge gehalten vom 5. bis 14. Oktober 1911, besonders der VIII. Vortrag: Die beiden Jesusknaben;
2. »Aus der Akasha-Forschung. Das 5. Evangelium. Esoterische Betrachtungen.« 5 Vorträge gehalten vom 1.–6. Oktober 1913 in Kristiania, Dornach 1948
(Alle Zitate sind diesen beiden Werken entnommen).
Siehe auch Hella Krause-Zimmer: »Die zwei Jesusknaben in der bildenden Kunst«, Stuttgart 1969
Johannes Hemleben: Johannes der Evangelist, Hamburg 1972

7 Rudolf Steiner: Das Lukas-Evangelium. 10 Vorträge gehalten in Basel 15.–24. September 1909. Kap. 7. Dornach 1931

8 Rudolf Steiner: Das fünfte Evangelium. Vgl. auch Reinhard Wagner, »Die unbekannten Jahre Jesu«, Stuttgart 1969

9 Siehe Rudolf Steiner: Von Jesus zu Christus. VI. Vortrag ff.

10 Johannes Kepler: Die Zusammenklänge der Welten. Herausgegeben von Otto J. Bryk. Jena 1918
Johannes Hemleben: Johannes Kepler. Rowohlt Bild-Monographie, Reinbek 1971
Georg Blattmannn: Die Sonne – Gestirn und Gottheit. Stuttgart 1972

11 Vgl. Emil Bock, »Wiederholte Erdenleben«; Rudolf Frieling, »Christentum und Wiederverkörperung«; Rudolf Bubner, »Evolution – Reinkarnation – Christentum«. Alle im Verlag Urachhaus Stuttgart.

12 Christian Morgenstern: Wir fanden einen Pfad. Neue Gedichte, München 1942
Oskar Kürten: Der Sonnengeist Christus in der Darstellung Rudolf Steiners, Basel 1967

13 Siehe auch: Johannes Hemleben: Biologie und Christentum: (Seite 138) Stuttgart 1971. Der Mensch in der Verantwortung für die Erde.